零工经济

传统职业的终结和工作的未来

〔美〕莎拉·凯斯勒（Sarah Kessler）——著
刘雁——译

GIGGED

The End of the Job and
the Future of Work

机械工业出版社
CHINA MACHINE PRESS

在互联网时代,像 Uber 和 Airbnb 这样的高科技创业公司不断登上新闻头条,并成为企业家口中颠覆行业运营模式的破坏分子。但是,这种破坏是由什么造成的呢?员工与求职者在不同的职业阶段所面临的挑战又是什么呢?未来的工作会呈何种样貌?千禧世代会像他们的父辈一样,在工作中表现出色吗?我们怎样才能找到既有意义又高薪的工作?本书针对以上问题,针对这种新经济模式进行了一番深入浅出的分析,并通过对各种各样的零工经济工作者的追踪分析,力图为我们展现一幅细致入微的、有关零工经济发展现状的实时全景图。

Copyright © 2018 by Sarah Kessler. This title is published in China by China Machine Press with license from Sarah Kessler. This edition is authorized for sale in China only, excluding Hong Kong SAR, Macao SAR and Taiwan. Unauthorized export of this edition is a violation of the Copyright Act. Violation of this Law is subject to Civil and Criminal Penalties.

本书由 Sarah Kessler 授权机械工业出版社在中华人民共和国境内(不包括香港、澳门特别行政区及台湾地区)出版与发行。未经许可之出口,视为违反著作权法,将受法律之制裁。

北京市版权局著作权合同登记　图字:01-2018-3826 号。

图书在版编目(CIP)数据

零工经济:传统职业的终结和工作的未来/(美)莎拉·凯斯勒(Sarah Kessler)著;刘雁译.
—北京:机械工业出版社,2019.5
ISBN 978-7-111-62450-9

Ⅰ.①零… Ⅱ.①莎… ②刘… Ⅲ.①经济学-通俗读物 Ⅳ.①F0-49

中国版本图书馆 CIP 数据核字(2019)第 065196 号

机械工业出版社(北京市百万庄大街 22 号　邮政编码 100037)
策划编辑:坚喜斌　　责任编辑:於　薇
责任校对:潘　蕊　　责任印制:孙　炜
北京联兴盛业印刷股份有限公司

2019 年 5 月第 1 版第 1 次印刷
145mm×210mm · 8.25 印张 · 3 插页 · 163 千字
标准书号:ISBN 978-7-111-62450-9
定价:59.00 元

凡购本书,如有缺页、倒页、脱页,由本社发行部调换
电话服务　　　　　　　　　　网络服务
服务咨询热线:010-88361066　机 工 官 网:www.cmpbook.com
读者购书热线:010-68326294　机 工 官 博:weibo.com/cmp1952
　　　　　　　　　　　　　　金 书 网:www.golden-book.com
封面无防伪标均为盗版　　　　教育服务网:www.cmpedu.com

致我的家人：

黛布拉（Debra）、史蒂夫（Steve）、理查德（Richard）、亚历克斯（Alex）

前　言
Preface

当在 2011 年首次听闻"工作的未来"这一话题时，我正在一家科技博客网站担任记者工作，那时的主要任务之一就是研读各类高科技初创公司海量的创业理念。

从这些创业理念中我发现，许多初创公司的年轻企业家们都对"工作的未来"存在一个普遍的共识——传统意义上的工作将不复存在，因为没有谁会喜欢单调乏味、结构僵化、循规蹈矩的传统工作模式。这个世界真正需要的是零工经济㊀。

各类公司对零工经济的运营模式也各有不同。一些初创公司为零工经济的从业者们（或称"零时工"）创建了电子商务网站。小型企业与《财富》500 强㊁企业则一般会通过零时工们所擅长

㊀ 零工经济（gig economy）是指由自由职业者利用互联网和移动技术快速匹配供需方，以"群体工作"和经应用程序接洽的按需工作（如"滴滴打车"）两种主要形式进行工作的现代新型经济模式。零工经济是共享经济的一种重要组成形式，也是人力资源的一种新型分配形式。这种新兴的工作类型可称为"零时工作"，其从业人员可称为"零时工"。——译者注

㊁ 《财富》杂志世界 500 强排行榜（Fortune 500）是一个衡量全球大型公司发展水平的权威榜单，能够反映世界知名企业的实力、规模和国际影响力。在 2018 年的 500 强榜单上，美国的沃尔玛连续五年夺魁，而中国的四家企业集团京东、阿里巴巴、腾讯、苏宁分列第 181、300、331 和 427 位。——译者注

的技能来将他们分类,并根据不同的项目雇佣不同的人选。其他初创公司的经营思路是将自身视为"调度员"。一旦出现可接的工作,此类公司就会用手机通知自己旗下的驾驶员、遛狗者、跑腿员,而他们可以选择是否接下任务。还有一小部分公司会将一份大型且枯燥的工作拆分成只需花费几分钟时间即可完成的小任务,以在线的方式召集大量人群共同完成,并对每份任务仅支付数美分的酬劳。此类工作诸如将音频抄录为文字,或是在全国范围内查看某个品牌的各家门店,确保每一家门店都将正值宣传期的可乐品种摆在了店铺显眼的位置上。

上述这些公司一般都会借助相应的手机应用软件(App)来实现零工经济的运营。而它们的开发者们向我保证,这些App的崛起意味着我们将很快能自主选择自己的工作时间和工作类型,老板们再也没机会榨取我们的劳动力,因为我们只需为自己的一份小生意打拼。这意味着将来我们不用担心有多少工作被转移到了海外或是被机器人接手,因为我们可以选择为自己的邻居们工作,选择只接下能满足自己生活所需的工作量,并选择在完成我们所热爱的事务之余,来完成这些零时工作。零工经济不仅意味着失业的终结,还意味着我们无需迫于生计去做一份"苦差"。

这种未来工作的理念深深地吸引了我。零时工作不仅听上去比传统的工作更加有趣,还让我如释重负,缓解了我对未来不确定性的焦虑。

从小到大,出生于第二次世界大战后"婴儿潮"时代的

零工经济
传统职业的终结和工作的未来

父母一直不断对我灌输的理念就是：要想成人、必有工作——唯有工作才能让我们获得尊严、安全与独立。在我的家乡，一个位于美国北部威斯康星州的乡下小镇，大多数我所认识的成年人都拥有一份正经工作，他们要么是教师、律师或技工，要么在杂货店或邮局工作。隔壁的小镇则设立了一家大型雀巢工厂，顺风的时候可以闻到巧克力香香的味道；那个镇上还有一家制造日本"萬"字酱油的工厂。可想而知，当地人也大都在这两家工厂里有份工作。对威斯康星人来说，"有份工作"这件事本身就值得他人尊重，并能让自己获得尊严。而在美国沿海那几个州的父母们经常教导孩子的话，诸如追逐梦想、寻求自我实现之类，在我们这边则不大流行。

那时的我迫切地渴望早日长大成人，成为一名有工作的人。于是在上高中前整个暑假的大部分时间里，我都在一个温室里工作，每日从叶片上摘掉蚜虫，或是采摘那些成年人无法够到的种子（13岁的我身型瘦小，能很容易地钻进植株之间）。虽然我父母和我本人都不需要这份工钱，但我本能地感到，拥有一份工作是极为重要的。

虽然我听说大多数的千禧世代㊀对此并不认同，但一般而言，我还真没见过太多对"稳定感"和"安全感"毫不在意

㊀ 千禧世代（millennials），又称"Y世代"（Y Generation）是人口统计学用语，一般指出生于20世纪80年代初至90年代中，或80年代初至21世纪初的人口群体，可以说主要是由80后、90后组成的。千禧世代通常是"婴儿潮世代"（baby boomers，一般指出生于1946—1964年前后的人口群体）所生育的子女。——译者注

前言

的人。我们千禧世代对工作的态度之所以与上辈人不同，很可能是因为稳定与安全在当前都是难以实现的。等到我们这些80后、90后成年时，被我们父辈所笃信的有关工作的一切，往好了说是"起了很大变化"，往坏了说就是"早已不复存在"。

在2005年我还在上高三的时候，我就决定以后要成为一名记者。到了2007年，各家新闻媒体都急于从纸质模式向在线模式转型。与此同时，美国经济大衰退（Great Recession）也揭开了序幕。三年后的2010年冬天，作为一名即将毕业的大四学生，我发现美国的失业率已经上升到了两位数。所有专业中，似乎只有那些学计算机编程的准毕业生们会因面临毕业而兴奋。在毕业季期间，我投递了无数个人简历，收集了大量面试信息，并订阅了各类招聘会的邮件信息。巨大的就业压力使我患上了失眠症，有时还会出现呼吸困难。尽管在那段时间我只是专注于或是说发愁自己的就业问题，但我的焦虑相对于其他许多人而言要小得多。毕竟，我持有大学文凭，父母愿意帮忙，那家我曾经打过工的温室也很欢迎我回去，答应在夏天为我提供一个工作岗位。这样看来，我应该能熬过就业这一关。但我对自己未来的发展却毫无把握。

媒体并非唯一被高科技重塑的行业。不仅各大新闻编辑室纷纷裁员，其他行业的公司也纷纷利用网络外包平台（freelance marketplace）以及人力资源公司将白领工作转移到劳动力更为廉价的海外完成。人工智能和机器人技术也正在"入侵"其他非白领的工作。美国现存的许多工作职位不再能

零工经济
传统职业的终结和工作的未来

给雇员带来安全感。迫于来自股东们的压力，各家公司不断削减员工的福利待遇，使他们肩头所承受的风险与日俱增。后来，随着美国经济的逐渐复苏，各家公司纷纷雇佣起了临时工、合同工、自由职业者、季节工，以及兼职人员，但却没有恢复那些在经济衰退中裁掉的全职岗位。在未来五年内，美国经济所增加的几乎全部工作都将是偶发性的。而我们父辈眼中"工作"与"安全感"之间的关联，似乎已不复从前那般顺理成章。

作为一个年轻人，你无法对这样的未来视而不见。你不能因为自己喜欢传真而不去学习如何发送电子邮件，这么做只会让你与时代格格不入。如果一种趋势已颇为明显，你就应该知道它终将会影响到你本人。所以，当企业家们向我描述一个以零工经济为主体、人们挑选工作就像在集市上买东西的未来时，我觉得较之于其父辈们，这种未来对以80后、90后为主体的千禧世代会更具吸引力。现在就有一家名为"跳蚤市场"（Zaarly）的零工经济初创公司。该公司的英文名"Zaarly"源自于英文单词"集市"（bazaar），可谓名副其实。较之那种对未来的可怕预测——普遍失业与贫穷将是大部分人的必然归宿，我自然更乐于接受这样的未来。

我在2011年，也就是"零工经济"这一术语出现之前，就撰写了第一篇有关该主题的文章，题为"在线零工：初创公司如何让你自给自足"（*Online Odd Jobs: How Startups Let You Fund Yourself.*）尽管7年后我换了工作，但我对零工经济的兴趣和关注却始终如一。我近年来的发现包括：第一，零

前言

工经济已成为风投资本疯狂追求的对象，一个新的热门话题，以及对整体经济所出现的各类问题的一个解决方案；第二，随着有关零工经济严重剥削工人的报道频频爆出，那些曾一度大肆吹嘘自家"零工经济"属性的大小公司，都在努力撇清与零工经济的关系；第三，高新科技正不断改变人们传统的工作模式，零工经济急需关注和研究如何保护员工权益的相关问题。

对零工经济的了解越多，我就越深刻地体会到，那些初创公司所阐述的"零时工作就是工作的未来"这一概念，虽能让患上工作焦虑症的人们感到一丝安慰，但却并不全面。没错，零工经济会为一些人创造机会，但它也同样会放大那些本已让职场变得面目可憎的种种问题，诸如安全感缺失、风险攀升、不稳定性加剧，以及员工权利的减少。零工经济触及了许多人的利益，这些人中有穷有富，有权贵也有平民，而他们所受的影响各不相同。

本书并未对零工经济进行一个完整而又全面的概览，而是用五大章节分别描述了受其影响的五位人物的故事。毕竟，任何经济形态都是由人类所构建出来的，因此本书也力图"以人为本"。

目 录

Contents

前 言

第一章 传统工作的终结 / 001
    第一节 一个很老的新点子 / 001
    第二节 无轮班、无老板、无约束 / 011
    第三节 坏方案中的最佳选择 / 026
    第四节 优步模式 / 043

第二章 阳光、彩虹、独角兽 / 055
    第五节 口袋ATM机 / 055
    第六节 优步自由 / 064

第三章 问题频发 / 081
    第七节 一个自相矛盾的故事 / 081
    第八节 别给我们打电话 / 088
    第九节 优质工作战略 / 123

第四章 反抗 / 145
    第十节 社交媒体造就的工人运动 / 145
    第十一节 优步与政治 / 176

第五章 工作的未来 / 199
    第十二节 问题的核心 / 199
    第十三节 一个非常严重的问题 / 222

后 记 / 237
致 谢 / 252

第一章

传统工作的终结

第一节 一个很老的新点子

在 2011 年的西南偏南⊖数字交互展会上，大会所使用的餐巾纸已然印上了二维码，海量的宣传单从举行派对的阳台上纷纷散落，由组群网站公司"组我"（GroupMe）⊜提供的烤奶酪供参会人员免费畅吃。

全球高科技初创公司对这一年度交互展会的兴趣，正如同美国的高中生们憧憬着毕业舞会一样的强烈。人们普遍认为，

⊖ 西南偏南（South by Southwest）是全球最大的交互式媒体、电影和音乐产业展览之一，于每年三月中旬在美国得克萨斯州的首府奥斯汀市举行。该活动最初于 1987 年作为音乐节创立，并于 1994 年推出电影和交互类别分会场。交互分会场作为各类高科技初创公司的展示窗口，已逐步具有了重大的全球影响力，并引起了许多企业和投资者的兴趣和关注。——译者注

⊜ 组我（GroupMe）是一家新型组群网站公司，成立于 2010 年 5 月。它是一种聊天工具，让使用者可以使用任何一种类型的手机，在登录 GroupMe 网站并输入手机号后获得一个独一无二的群电话号码。该号码可以让使用者邀请朋友并建立群聊。——译者注

在每年前来参展的众多初创公司中,会有一家将有望成为市场"爆款"。推特(Twitter)就曾经凭借在该展会上向高科技界的参会精英们展示其 App 而一举成名。要想在展会上吸引足够的关注,必不可少的要件之一就是在市场营销上出奇制胜。

在 2011 年的西南偏南展会上,优步(Uber)还只是一家籍籍无名的打车软件,为美国各地区有营业执照的私家车公司提供调度服务。在展会期间,该公司采用了一项精彩的游击营销㊀策略来推广自己的"按需载客服务"模式。

优步在会展所在地的得克萨斯州奥斯汀市租了 100 辆载客三轮车,并为每辆车装饰了一条横幅,上书"I U"两个字母,横幅边还放着一块得克萨斯州形状的黑色牌子。我猜它是想表达"I Uber Texas"(中文意为"我在得克萨斯州用优步")。同时,优步高管们还与各路博主进行沟通,建议他们将自己骑三轮车的照片发布在社交平台上,并加上"优步打卡"的标签。此外,优步还在其官博上发布了"初遇优步,体验未来交通方式"的宣传语,并特别指出"喝醉了也不怕",叫一辆优步就不会迷失方向。

那时谁也不曾想到以下几点:第一,就在短短数年后,优

㊀ 游击营销(guerrilla marketing)的理念是由美国营销专家杰伊·莱文森(Jay Levinson)提出的反传统的营销方式,试图用小成本的营销手段吸引消费者的注意。相对于主要以电视、报纸、大型户外广告等媒体来建立品牌知名度的传统营销方式,游击营销更重视品牌与消费者之间的互动,更善于创造独特的传播模式。——译者注

第一章
传统工作的终结

步将会成长为世界上最具价值的公司之一，它将会让任何人——而不仅限于专业司机——都能以一名"出租车司机"的身份赚钱。第二，数年后，优步打车的费用（那时起步价还是 15 美元）将会降到如此之低，以至于在美国的某些城市，优步甚至可以和公共交通抢生意。第三，数年后，这家初创公司竟然能募集到超过 120 亿美元的风投资金，其账面价值竟然超过了诸如美国通用汽车公司（GM）、福特公司（Ford）这样的百年企业；而优步也成为初创企业所效仿的对象，从此开创了一种新型的经营模式。第四，消费者对交通服务产生了一种新的期待：只要按下按钮，任何交通工具都可以应召而至——这一理念将会重塑服务业、零售业，以及数字交互设计等领域。

而在 2011 年度西南偏南展会上，优步的经营理念看起来只不过是众多梦想中的一个。

那时的我还是一家科技类博客网站的记者。在展会开始的前一周，我撰写了一篇名为"2011 年度西南偏南展会的 13 款潜在爆款 App"的博文。文中介绍了四款信息发送类 App，一款能把手机转换为步话机使用的 App（可能是因为那时的我还认为步话机比手机更好用吧），还有两款几乎一模一样的照片分享 App，其中一个是"照片墙"（Instagram）。而优步并未被我列入爆款名单。

我并非唯一忽略了优步的人。尽管它在社交媒体上进行了一轮轰轰烈烈的营销，但在当年西南偏南展会的近两万名参会者中，只有约五个人在社交媒体上参与了"优步打卡"的活动。

而在一年后,也就是 2012 年的西南偏南互动展会上,尽管优步特地为参会者举办了一次烧烤活动,但它仍未收获比 2011 年更多的关注。2012 年被媒体大肆吹捧的一款 App 是"高光"(Highlight),当两个在社交媒体账号上显示拥有共同好友和共同兴趣的陌生人相互靠近时,安装了这款 App 的手机就会发出提示音。在我采访"高光"的创始人时,他热切地告诉我说:"我开发这款 App 的初衷,是因为传统的交友方式效率太低,而我们因为习惯于此,所以都没认识到这种低效率有多可怕。"这位创始人是真心认为现代社会的人际互动正濒于破裂,而他可以用一款 App 来有效地修补这一切。"高光"在那届展会上可谓无人不知,以至于在我参加的一场座谈会上,诙谐的主持人还特意用它开了个玩笑。他说:"假设我们在玩一个喝酒游戏,'高光'的名字被提到一次,在场每人都要自罚两杯,并打脸一次。"相反,那时的优步仍门庭冷落、无人问津。

我当时对优步的前景并不看好,因此我在注册优步账号时使用了自己的工作邮箱而非私人邮箱,以防收到它发来的垃圾邮件。

直到又过了两年,即在高光早已被人遗忘的 2014 年,优步终于成为硅谷投资者们竞相追逐的对象。不过,它的爆发却与任何一种市场营销策略无关。

在 2013 年,优步公司从谷歌的投资分部谷歌创投(Google Ventures)获得了一轮高达 2.58 亿美元的投资。一家

第一章
传统工作的终结

知名的八卦网站"高客传媒"（Gawker）将该数额形容为"令人震惊"。

这笔2.58亿美元的投资之所以如此引人注目，一部分是因为优步与当时其他的热门App几乎毫无相同之处。当年大热的是那些能进行照片分享，能将手机变为步话机使用，以及能让路上偶遇的陌生人互相认识的App。尽管当年这些"潜在爆款App"现在看起来十分无聊，甚至愚蠢，但它们都具有快速且大规模获利的潜力——"照片墙"与阅后即焚的照片分享App"色拉布"（Snapchat）都是在那时出现并迅速流行起来的——而该潜力是绝大多数公司并不具备的。脸书（Facebook）就是在2012年以10亿美元的价格收购了"照片墙"，它也是我所列出的"2011年爆款App"中最成功的一款。这款照片分享App在被收购时已吸引了多达3000万名用户，但全公司包括联合创始人在内却仅有13名员工，这意味着每人平均下来能分到7500万美元。

风投者们就喜欢投资像"照片墙"这种仅凭极少的基础设施就能大规模发展的企业。他们通常会忽略那些成长缓慢，但却能长时间可持续发展的公司。然而，直至2013年前后，大多数如优步这种运营服务型公司，其发展态势都属于后者。

但优步的出现改变了游戏规则。优步并未购买车辆或雇佣员工，而是针对客户和司机分别开发了两款软件。当一位客户需要打车时，优步会向其近旁的用私家车接活儿的某位司机发出提醒。而在一单载客服务结束后，客户和司机的收付款行为也是通过优步居中完成的。优步的成长模式与照片墙一模一样，只需用户下载 App 即可。作为一家经营中介类服务的新创公司，优步探索出了一条像软件公司一样的快速发展之道。通过将自己定性为一家高科技公司而非载客运输公司，优步巧妙地规避了出租车许可证、特殊车牌，以及其他政府制定的用于规范出租车和豪华轿车租赁公司的各类规章制度，而这将很快引发它与监管方之间的激烈冲突与对抗。优步拥有无限发展潜力的另一大要素则相对平淡无奇一些，至少从表面看是如此，那就是它所属的税收分类。

优步将其注册司机们称为"合同工"（independent contractor），这使得它免于在大多数国家履行政府所规定的一家公司对员工应尽的义务，在美国亦然。当公司员工被定义为"正式雇员"（employee）时，首先，他们在茶歇时间也同样有工资可拿，并受就业反歧视法的保护；其次，由于加入了社会保障体系并按月缴纳相关费用，正式员工还会享有政府补助的退休金和失业津贴。此外，他们也不会因公司经营状况的改变而轻易遭到解雇。

但合同工却完全无法享受上述待遇。根据美国联邦劳资谈判法的相关规定，他们也无权成立工会，雇佣他们的公司也无须为他们提供培训、完成工作所需的设备，或任何福利待遇。在其他国家，合同工的待遇均大同小异。比如说，英国的合同工在病假和法定假日时就没有工资，也不享受最低工资或其他福利待遇。

当一位司机被优步签为合同工时，他/她（据 2015 年 12 月的一次调查显示，大多数优步司机都是男性）就要自己备

第一章
传统工作的终结

车、加油、购买车内空气清新剂——虽然它们的气味往往并不清新而是相当刺鼻。优步司机还不享受计薪的午休，同时还要自己购买健康保险。当然，他们还要自己承担一名从业者所应尽的、包括缴税在内的全部义务。换句话说，一名优步司机对该公司而言就好像一段代码，一种在无人驾驶技术研发成熟前的替代品。众所周知，无人驾驶是优步近几年的主攻方向。

对投资者们而言，优步这种只雇佣合同工的运营方式十分高明，但算不上新鲜。早在优步出现的数十年前，硅谷的各家高科技公司就开始将工作转包给独立承包商、分包公司和临时工，从而减少公司的成本与责任。正如凯雷服务公司[⊖]在1971年所投放的一则广告中所宣传的那样，它可以为那些需要雇佣临时员工的公司提供以下类型的员工：

从不放假或旅游。

从不要求提薪。

在公司生意不景气的时候无须支付其工资。（在工作量减少时，你可以直接将其解雇。）

从不会患上感冒、椎间盘突出或牙齿松动等疾病（至少在被你雇佣期间，他们不能生病！）

⊖ 凯雷服务公司（Kelly Services），全球排名前五的人力资源解决方案服务公司，由威廉·凯雷（William Kelly）创立于1946年，总部位于美国密歇根州的特洛伊市，目前在全球39个国家及地区设有2600家分公司。——译者注

无须为其支付失业税和社会保障金。（相关文件也无须准备！）

无须为他们提供任何额外福利。（福利通常是在员工基本工资的基础上再增加30%。）

不满意不收费。（如果临时员工表现不佳，客户无须付款。）

在优步刚刚面世的2009年，几乎全美所有的出租车司机、外加约13%的美国人口就已经成为自由职业者或合同工了。其他非传统的雇佣方式也不断增加，全美约45%的会计、50%的IT工作者以及70%的货车司机都在为承包公司工作，而非某家公司的正式员工。与此同时，美国临时工的数量也增长到了前所未有之多。截至2016年，20%~30%的美国和欧盟劳动年龄人口都从事着一份自由职业。据一些调查显示，如果将兼职工作者也算入其中，那么全美非全职工作者的比例已高达40%。在这股"雇佣最少的全职员工"的大潮中，优步只不过是众多家公司之一，不过它聪明地将该趋势融入了当前的智能手机时代。

优步的经营模式既有利于风险投资家，又有利于其客户。在当前这个在线购物和约会App大行其道的时代，在优步出现前，人们在打车时仍需要当街挥手，希望能招到一辆正巧路过的出租车。毫无疑问，优步技术使打车方式终于跟上了时代的脚步。在优步确认获得了"谷歌创投"大笔投资的数月之后，新闻媒体终于获知了其用户数据。数据显示，优步

第一章
传统工作的终结

每周都会增加约 8 万名新注册用户,与 2010 年末"照片墙"App 新用户数量的涨幅相差无几。这意味着和当年的"照片墙"一样,优步也有很大机会在 2012 年年底获得 2.1 亿美元的收入,成功似乎已近在眼前。

尽管任何一家成功的初创公司都有不少效仿者,但优步的成功引发了一场"优步模式"的淘金热。企业家与风投家们突然愿意将优步的商业模式应用于各种中介类服务行业,也就是那些对硅谷而言发展速度过于缓慢的行业。

如果西南偏南展会对高科技初创公司而言是一场高中毕业舞会的话,那么科技类博客"科技细品"㊀必然就是这场舞会上的啦啦队员。每出现一款跟风优步的 App,"科技细品"都会用以下风格的新闻标题为其大肆宣传:

邮伴公司(POSTMATES)力图成为外卖届的"优步",更多效仿者正接踵而至

优步模式草坪护理 走过路过不要错过

黑翼公司(BLACKJET)发布苹果 App
优步模式闲置飞机租赁业务就此开启

㊀ "科技细品"(*TechCrunch*)是一家知名的美国科技类博客,由迈克尔·阿灵顿(Michael Arrington)于 2005 年建立,主要报道新兴互联网公司,评论互联网新产品并发布重大突发新闻。现在它已发展为一家全球领先的科技媒体公司,是美国互联网产业的风向标,风投者们的重要参考资料。2013 年 8 月,它正式进入中国,网址为 https://techcrunch.cn。——译者注

零工经济
传统职业的终结和工作的未来

优步模式小飞机租赁　助你翱翔九天

STAT了解一下　药品快递界的"优步"

各类如雨后春笋般出现的优步模式初创公司包括但不限于，食品外卖、烈酒外送、钟点工、同城快递、上门按摩、跑腿采购、上门洗车，甚至上门除草。优步公司本身也暗示说，会将自己的商业模式扩展至载客运输之外。优步的联合创始人兼前任首席执行官特拉维斯·卡兰尼克（Travis Kalanick）曾对彭博社表示："现代生活方式就是给我想要的、现在就给，而物流就是能把人们想要的东西实实在在地送到他们手中……一旦我们有能力让你在5分钟内打到一辆车，就也能让你在5分钟内收到多种商品和服务。"这段话中所包含的一个假设就是，优步模式既然能成功地应用于打车服务，就也能用于其他任何类型的服务。

据"科技细品"投资基金数据库的数据显示，截至2013年年末，有13家自定义为优步模式的初创公司已筹集到了风投资金。而据《纽约杂志》（*New York Magazine*）统计，2014年，仅从事优步模式洗衣服务的独立初创公司就多达令人震惊的14家。

然而，这些经营中介服务的初创公司所依赖的"微企业家"⊖（或称"独立承包人""合同工"），其独立性最终还有

⊖ 微企业家（micro-entrepreneur），当人们通过互联网和移动网络平台进行有偿的物品共享或服务时，如出租电动工具、搭车、提供清洁服务，每个人都可以被视为一位经营自家生意的"微企业家"。——译者注

第一章
传统工作的终结

待法庭的裁定。与此同时,这些从事按需服务的人们,他们如果感到自己受到了中介平台的剥削,而非获得了"自己工作自己做主"的自由,那么这种乌托邦式的美好的零工经济模式就会变得面目复杂。此外,零工经济的出现会促使人们去思考其他经济模式该何去何从,以及自己该如何适应这种未来工作的大趋势。

而在"优步模式"发展的鼎盛时期,上述问题几乎不会让初创公司产生丝毫动摇。正如零工任务交流平台"任务兔"(TaskRabbit)时任CEO所说,零工经济将会"使全世界劳动者的工作方式发生巨变"。

第二节 无轮班、无老板、无约束

截至2014年年末,优步已经将网约车服务拓展到了巴黎、悉尼和伦敦这三大城市,发展势头十分迅猛。以至于《快公司》杂志㊀为此特别撰写了一篇封面报道《优步如何征服世界》。文章指出,这家当时仅创办了5年的初创公司,平均每隔一天就能将业务推广到一座新城市。它的网约车业务不仅在全球知名的大城市成功落地,还顺利延伸至那些出租车业务从未普及开来的城市,如美国密歇根州的弗林特市(Flint)、威斯康星州的密尔沃基市(Milwaukee),以及犹他

㊀ 《快公司》(*Fast Company*)是美国最负盛名和最具影响力的商业杂志之一,与《财富》《商业周刊》《华尔街日报》等媒体同为美国乃至世界商业经济领域的主流媒体。——译者注

州的盐湖城（Salt Lake City）。

由于优步业务的开展无须多间办公室，也不需要购买车辆，所以在每座城市落地时，该业务只需针对司机和乘客这两类人群进行推广即可。在针对乘客们进行推广时，优步或是提供免费乘车活动（如在密苏里州的堪萨斯，乘客们可以在整整两周内都免费搭车；而在盐湖城，前20次搭车都可以免单）；或是与当地名人合作（如在密尔沃基，优步邀请了当时效力于密尔沃基雄鹿队的篮球明星布兰顿·奈特搭乘了当地的第一单网约车）。

针对司机们，优步则提供了比免单更具威力的诱惑。公司将一个广告牌极具策略性地树立在了纽约市计程车及礼车管理局（Taxi and Limousine Commission）的办公楼旁边，上书："无轮班、无老板、无约束。"

此后数年间，几乎任何一家零工经济公司都在使用"三无"作为其宣传口号。零时工们终于可以摆脱传统工作的种种束缚了，如上下班打卡、独断专行的老板、一成不变的工资，以及朝九晚五工作制下极其有限的机遇和机会。成为优步公司的一名驾驶员，意味着你从此自由了。除自由外，你还变身为一名自负盈亏、自我经营的微企业家。

优步公司不仅依靠一块广告牌宣传零工经济，还实施了一个欢迎新司机加盟的营销方案。优步司机如果能介绍一位亲朋好友入伙，他本人通常能获得约200美元的介绍费。该制度很快就在零工经济领域流行开来，成为一种普遍的奖励标准。对一些优步司机而言，这笔介绍费是除了工作自由度外，

第一章
传统工作的终结

该工作的另一个极具吸引力的因素。这份奖金不仅能增加收入，还有助于他们树立起"小企业主、企业家、科技界人士"这样的自我定位。仅仅花费了一笔微不足道的成本，优步就创建起了这样一支极具热情的销售团队。

以下是曼杜·侯赛因（Mamdooh Husein）成为优步司机的经历。

这位时年28岁、被母亲和其他熟人昵称为"亚伯"的堪萨斯市年轻人，此前是一名餐厅服务员。在最初听到一位同事向他介绍优步这款手机App时，亚伯是持怀疑态度的。他从小到大几乎没走出过堪萨斯市，也从未有过打车的经历。他很难相信优步这种经营出租车业务的公司能在这座城市立足，更难相信他的同事能通过在业余时间做优步司机就能每周末净赚500美元。所以，亚伯希望能亲自验证一下。

在某天下班后，亚伯和他的餐厅同事兼优步招聘人把车开到了堪萨斯市的主干道上，并在这条市中心商业街上打开了优步的手机App。刚一打开，这款App就开始向亚伯的手机不断推送叫车订单，"叮叮"的提示音不绝于耳，听上去就像打游戏时不断收集到金币的声音。

亚伯觉得，"成为优步司机"可能并不是他所遭遇的另一个诈骗陷阱。由于轻信和无知，他之前曾被骗过多次。就在不久前，他还花费数千美元加入了一个传销组织，该组织承诺会帮他成为一名百万富翁。

在2009年，亚伯加入了一家由知名电视推销员兼系列丛书作者凯文·特鲁多（Kevin Trudeau）所创立的传销组织。

这位特鲁多先生的大作几乎都包含了"他们不想让你知道"这几个标志性词汇,如《他们不想让你知道的自然疗法》《他们不想让你知道的抗经济衰退大法》,以及同系列的《还债大法》《无本暴富大法》,以及一本《减肥大法》。而在特鲁多独创的众多秘诀中,最终让亚伯的个人财务状况深陷泥沼的就是一张收录了 14 个特鲁多所做讲座的 CD 光盘,名为《从心所愿:成为百万富翁的灵丹妙药》。

在这些讲座中,特鲁多向他的信徒们宣扬,只要加入一个由社会精英构成的网络(被特鲁多忽悠之后,亚伯甚至深信连美国总统也加入了该网络),人人皆有可能成为百万富翁。该网络有个无比高大上的名字"环球信息网"(以下简称"环信网")。据特鲁多解释,环信网的高层是由那些制定游戏规则的圈内人组成的,而其底部则由社会底层人员构成,但后者可以通过购买高层所传达的信息实现社会地位的逐层升级。当然,逐层升级的前提是各个层级的存在,这就需要老成员不断招募新人加入。新人必须购买"工具"后才有资格加入环信网,而这些工具大部分都是特鲁多的各种音频讲座。新人被告知,只有购买这些音频才能领悟环信网的运行机制、吸引力法则等关键信息。

亚伯没有女友,好友也寥寥无几。他是被一位信仰伊斯兰教的养父和一位信仰基督教的生母抚养长大的。在养父的坚持下,亚伯在成长过程中严格遵循了伊斯兰教的教规,但在放弃伊斯兰教信仰后,他与父母的来往也减少了。亚伯告诉我,他现在住的房子是他用多年积蓄购买的,但屋中空空如也,除了一个复杂的

第一章
传统工作的终结

安保设备外并没有几件家具，几乎与他的人生一样空白。亚伯自己也承认："我住在一个防护罩里。"他节俭到连一张床也舍不得置办，每晚就睡在一个充气床垫上。

环信网所做的就是不断鼓动亚伯不切实际的雄心壮志，告诉他哪怕不学习新知识、不服从上级指令，也能发家致富并成为大人物。环信网向其信徒们所进行的宣讲大都围绕着"吸引力法则"展开。该法则与一本超级畅销的励志类图书《秘密》⊖所宣传的理念大同小异，都是在讲积极或消极的思维方式会导致积极或消极的人生体验。也就是说，只要你对某事深信不疑，就一定会将其实现。

亚伯当时几乎是走火入魔地想成为一名内圈成员。为了满足进入内圈的业绩，他虚报了自己发展的下线成员人数，并为这些根本不存在的新会员每人支付了150美元的"打折"会费。

但这个内圈其实从未存在过。正如一位法官在最终判决书中所指出的，凯文·特鲁多是个"彻头彻尾的骗子。"特鲁多在他的另一本畅销书《他们不想让你知道的减肥大法》(*The Weight Loss Cure "They" Don't Want You to Know About*)中，甚至建议人们每天只摄入热量为500千卡路里的食物。⊖而特鲁

⊖ 《秘密》(*The Secret*)，该书中文版于2008年11月由中国城市出版社出版，作者朗达·拜恩，译者谢明宪。——译者注
⊖ 成年男性每日消耗的基础卡路里约1800千卡左右，女性则是1200千卡，仅摄入500千卡是极不健康的节食减肥方式，严重者会重度营养不良，甚至死亡。——译者注

零工经济
传统职业的终结和工作的未来

多在推广此书时所做的种种误导性宣传,使他不仅遭到了美国联邦贸易委员会(FTC)3700万美元的重罚,并且被判入狱10年。环信网也最终因从3.5万名会员手中敛财1.1亿美元,而被定性为一个传销组织。

从环信网脱身后,亚伯发现自己背上了更多的债务。据他自己估计,他近10年来未还清过任何一张信用卡。在加入环信网后的数年间,他因欠债而遭到起诉,无力支付各类税费,房产也遭到留置。上述经历也解释了他为何对优步所提供的新商机如此小心谨慎。

最令亚伯感到不安的是,优步的宣传语听上去熟悉得可疑。在向司机们进行推广时,优步号召他们通过成为专车司机而逐渐成长为一名财务独立、工作自主的企业家,而不仅仅是一个普通员工;同时还建议他们召唤亲朋好友们一同加入。

优步于2015年在美国的特拉华州成立了一家名为"交换租赁"(Xchange Leasing)的子公司,可为专车司机们提供次级车贷,并打出了"所有信用等级者皆可申请"的广告。对于签约申请该车贷的司机,公司会从他们每周的优步收入中直接扣除其购车费。在纽约,优步会将旗下的司机介绍给汽车经销商,后者也可以为司机提供类似的次级车贷——而优步公司自此借机关闭了它在纽约的"交换租赁"子公司,并终止了该区域的"次级租车项目"(即由优步购置车辆,为没有车的司机提供车辆租赁服务,让他们也能成为优步司机)。在招募新司机时,优步一直在不遗余力地向他们宣传此类融资

第一章
传统工作的终结

方案。比如说，如果纽约市一个有意成为优步司机的人给优步留下了自己的电话号码，他就会收到如下一大串手机短信：

周一 8:28 AM

新的一周开始了！你要做的就是和优步预约，前来我们的办公室参观。向你保证，首月进账6000美元不是梦。

周一 12:09 PM

在更新驾照前需要上一节无障碍车辆㊀的驾驶课吗？找一个你方便的时间，来优步上一节早课、午课或晚课。

周二 9:51 AM

优步向司机提供新车/二手车出租及先租后买服务的快捷通道！最新特价！

周三 8:02 AM

你的下一步就是和优步预约，来我们的办公室参观。向你保证，从今天开始月入6000美元不是梦。

周四 9:25 AM

准备好成为优步专车司机了吗？来优步的新址参观，一切从今天开始。

周五 8:02 AM

今天正是成为优步专车司机的最好时机！向你保证，首月

㊀ 无障碍车辆（wheelchair accessible vehicle）直译为"轮椅可通行车辆"，指方便残疾人的轮椅上下的特殊车辆。——译者注

进账 6000 美元不是梦。

周五 11:23 AM

一切从周末开始！本周从"百吉 TLC 租车行"（Buggy TLC Rentals）预定租车，首周租金可减免 50 美元。

如上所示，优步向目标司机群体发动了积极攻势，为他们设置了极高的职业期待，并鼓励他们长期或短期租赁满足优步标准的车辆。虽然优步所做的承诺好到令人难以置信，但当亚伯和他的同事驾车行驶在堪萨斯市内时，优步软件不断发出提示音，通知司机有来自真实客户的叫车订单。这一事实让他开始相信，优步确实是他一直寻找的良机。

亚伯回忆道："当我听到优步 App 的提示音不断响起的那一刻，我对自己说，看来有很多人在使用它的叫车服务，做优步司机真的有钱可赚。"就在这周的晚些时候，亚伯与优步正式签约。

人们一直梦想着能够逃离传统工作模式的僵化性与从众性。而优步用来招募司机的宣传语——独立、弹性、自由——似乎特别符合千禧世代的喜好。这个以 80 后和 90 后为主体的新一代人口群体几乎是每位营销人员、时尚观察员，以及社会学家最为关注乃至痴迷的研究对象。

据调查显示，在选择工作时，千禧世代会将个人发展与工作弹性置于现金报酬之上；对工作时间的自主性有着更高的期待；较之于其他条件（例如工作环境、安全性与趣味性），他们更重视一个职位是否能给他们带来工作与生活的平衡。

第一章
传统工作的终结

上述这类调查发现引发了人们对千禧世代这一"迷人物种"的大规模指责,评论界普遍认为他们正在密谋颠覆职场。《福布斯》杂志的一篇专栏文章首先发难:"如果让千禧世代为所欲为,那么朝九晚五的传统上下班时间将很快成为过去。"一篇《纽约时报》的文章自问自答道:"那些大致出生于1980年至2000年的千禧世代会从根本上改善传统工作模式吗?是的,如果公司对他们唯命是从的话。"《华盛顿邮报》的一位专栏作者则将同样的意思更为嘲讽地表达出来,"这些娇生惯养、被过度表扬、永远自信的千禧世代正大批量地涌入职场,到了2025年将占据美国劳动力的75%。他们正试图改变职场的一切。"

千禧世代在对待工作的态度上与他们的父母截然不同,这一研究结论并不令人费解。该世代当前已成为美国劳动人口的主力军,假设你是千禧世代的一分子(或者你实际上就是),你是否喜欢一份充满弹性和自由的工作呢?

答案当然是肯定的,没人会对此感到惊讶。虽然之前几代的年轻人也同样渴望在工作时能获得更多的独立性,但多亏互联网帮忙,一个具有专业技能的千禧世代能更容易地抛弃一份全职的传统工作。

这一现象背后的经济原因很好理解。人们之所以决定加入律所、医疗机构以及各类公司,而不是直接面向大众出售自己的专业技术,就是因为他们的创业成本会远高于创业所得。但在互联网的帮助下,上述许多费用会大幅降低,甚至是消失。比如,有了手机语音留言和电子邮箱(还有人用每小时5

美元的价格聘请一名虚拟个人助理），前台接待一职就变得可有可无起来。许多软件还能帮忙处理公司账务，因此专职会计一职也可以省掉。对许多专业人士而言，在线工作还能让他们省下租赁办公室的开支。

目前，人们不靠一份传统工作也能赚取收入，而且个体经营者所需的投资也不像过去那么高昂。随着众多零工经济平台开始重点经营各行各业的白领工作，独立工作者所面对的最后一道巨大的障碍——缺乏找到零时工作的渠道——也随之消失。"自己为自己打工"这一概念对年轻人和年长者同具吸引力。尽管零工经济这一概念经常被形容为"年轻人的发明"，但实际上每个工作年龄段的人们都纷纷加入其中。在欧洲和美国，约有46%～60%的年轻人都在从事某种类型的独立工作；但在独立劳动力大军中，他们只占了其中的四分之一。

现年24岁、居住在纽约市的程序员柯蒂斯·拉森（Curtis Larson）就是一名独立工作者。

在加入零工经济模式之前，柯蒂斯每天都做着一份朝九晚五的传统工作，通勤往返于公寓和办公室之间。这份工作相当不错，办公室坐落在一栋摩天大楼内。在2013年刚刚大学毕业的时候，柯蒂斯尚觉得自己能找到这样一份工作是相当幸运的。但在工作两年后，他觉得自己受够了。

通常在每个工作日，他都能在两三小时内就完成当日的工作量。而接下来的时间，他都在拼命找活儿干。公司要求他天天在办公室坐班，但分配给他的工作却远远不够填满八小

第一章
传统工作的终结

时的工作时间。

柯蒂斯最初还尝试着做一些额外的工作规划,但他所在的团队和他的上级往往要用好几天时间来审阅他的提议,而且通常会拒绝采纳。长此以往,他放弃了做这番无用功,并在午饭到下班这段时间内靠阅读科技论坛的文章、看网站的游戏直播来打发时间。就在就职短短不到两年的时间里,柯蒂斯一直处于闲得发慌、大把浪费清醒时间的状态中。

在2015年1月某个寒冷的冬夜,他在回家的路上思来想去,觉得自己受够了这种被公司雇佣、身不由己的状态。他在当晚定好了第二天一早6:45的闹钟,比他的上班时间提早了三小时。当第二天闹钟响起时,他带着自己的笔记本电脑来到了公寓附近的星巴克,开始创建一个他命名为"定容"(Crontent)的网站。这个网站会搜集来自推特、脸书等社交媒体以及其他信息网络的帖子,并将它们汇集为一份当日新闻摘要。这样,订阅了"定容"的用户就能在一个网站看到自己的亲友们所发布的全部重要信息。"定容网"的英文原名"Crontent"是柯蒂斯自创的,由编程术语"cron"(定时任务,即一个被设定好程序并每日会自动重复执行的任务)和"content"(内容)两个单词压缩组合而成,意为"定时发布内容"。

虽然"定容网"这个名字不怎么样,不懂编程的人大都无法领会其中奥妙,但这完全不是个问题,因为柯蒂斯创立这个网站的初衷并不是吸引用户。他本人相当讨厌销售、营销、打广告,这也是他之所以成为一名程序员的首要原因。

他建立该网站的目的是为了向目标客户——高科技初创公司——展示他的编程实力。

在离开星巴克后,他照常去办公室坐班,并在工作之余浏览"科技细品"和"黑客新闻"(Hacker News)这两家网站,寻找能让他一展所长的初创公司。在随后的日子里,这成了他每日必做的任务。

在数周后,他在进行每日例行搜索时发现了一家与众不同的初创公司。该公司在自家网站上贴出的广告语是,"助力打造全世界的软件工程部"。

柯蒂斯更加仔细地浏览了这家"集客思"(Gigster)公司的官网,发现该公司似乎并不是想要招聘雇员将自己建设为世界最大的软件工程部,而是在招纳能按照自己的进度完成工作任务的"合同工"或"远程人才"。集客思的宣传语是,"工作的本质正发生改变,未来的公司急需远程人才助力"。

美国人普遍都会开车,因此成为优步司机的门槛并不算高。但集客思公司将零工经济战略应用于以人才匮乏而著称的软件开发行业,其招聘门槛对普罗大众而言就显得有些高不可攀。据美国劳工统计局(Bureau of Labor Statistics)预测,到 2020 年,美国就业市场上将涌现出 1400 万份计算机科学方面的工作岗位,但该专业那时的应届毕业生却仅有 40 万人。这种供不应求的现象也解释了,为何连脸书和谷歌公司实习生的收入都高于美国的职工平均工资水平。

集客思的经营模式之所以能获得成功,一部分是由于对高科技初创公司而言,聘请全职软件开发员的费用过于昂贵。

第一章
传统工作的终结

而它能为这些公司随时提供专业技术人才，并以项目为单位收取费用。这样一来，这些初创公司就不用操心为这些"零时"编程员们提供免费三餐、衣物现场干洗等特殊待遇了。而在美国的高科技园区，此类待遇都被默认为公司标配，被员工们视为理所当然。

柯蒂斯之前也做过一次"远程人才"，但他将其视为一份"自由职业"，很明显，后者听上去没前者那么高大上。那时他刚刚考上大学，在入学前的暑假，他曾在位于马里兰州东岸的老家做过一份网站设计的工作。但这份零工对柯蒂斯而言只是赚取学费的一个渠道，他从未考虑过要以"自由职业"为职业，而是一直梦想着自己能在大学毕业后找到一份全职工作。而他之所以乐于尝试一下集客思的工作模式，只不过是因为他觉得自己的全职工作过于无聊而已。

但对他而言，加入集客思的唯一障碍是他必须通过一场长时间的面试，这令他感到极度不安。尽管在大学他就常常利用业余时间完成一些实用型的编程项目，但他对那些毫无实际用途的研究话题完全不感兴趣，但后者是大部分计算机专业课程所研讨的内容，也是许多高科技公司经常会在面试中提及的问题。

比如说，当柯蒂斯在毕业季去谷歌公司——《财富》杂志将其评选为2015年度千禧世代的最佳工作场所——参加一次长达5小时的面试时，他需要站在一块白板面前，回答各个部门的高管提出的各种深奥难懂的问题。尽管这些问题与他所面试的职位毫无关系，他也不得不紧张万分地在白板上写出并解释自己的答案。从这场面试开始后不久,柯蒂斯就知道自己表现不佳,注定不会通过。这种感觉实在是糟透了。

但他发现,集客思公司的面试过程相当与众不同。首先,这场面试是以打字对话的方式进行的。其次,与那些要求面试者完成各种深奥的思维游戏,以测试其理论知识水平的其他高科技公司不同,集客思所提出的问题全部都围绕着一个方向:柯蒂斯是否有能力完成工作。公司对柯蒂斯能否融入公司文化,是否有发展潜力,以及是否适合团队工作并不特别关注,因为如果他最终加入公司,将会被要求独立完成任务,所以集客思只关注他当前的技术水平。

柯蒂斯被问到的大多数问题都类似于:"如果你必须实现某种功能,你会如何编码?""好的,但如果这样行不通怎么办?"这种难题解决型的提问恰好是柯蒂斯所擅长的,他轻而易举地通过了通过率仅7.7%面试。现在他必须决定是否要接受这份非传统的、按项目计酬的零时工作。

那些高科技公司在创业初期吸引人才的方式之一,是将公司股权作为工资的一部分赠予员工。虽然柯蒂斯作为一名"集客思程序员",在为其他初创公司工作时无法享受到这种"创业元老"的待遇,但对他而言,比起终日在办公室闲坐、想方设法地打发时间,加入集客思平台工作显然要有趣得多。

当然,柯蒂斯不是那种一经宣传鼓动就轻信一种新型工作模式能让他衣食无忧并立刻辞去全职工作的人。在加入集客思之前,他认真地做了一番调查和准备,确认了自己当前的积蓄足够一年生活所需,并向一位专业会计师进行了咨询。

第一章
传统工作的终结

在研究了各种健康保险计划后,他发现,尽管根据《统一综合预算协调法案》[⊖](COBRA)的规定,他在辞去全职工作后也能延续自己当前的保险方案,但花费过高。在没有雇主帮他承担一部分医疗保险金的情况下,他每月要花费约 600 美元才能延续原本作为全职员工时所享受的医保水平。幸运的是,奥巴马政府制定的《平价医保法案》(*Affordable Care Act*)为美国民众建立起了一个"政府医保交易网络平台"(Health Exchange)。柯蒂斯在上面找到了一个每月只需支付两三百美元的医保选项。他在一张表格上列出了以下三项内容:上述医保费用、每月计划存入退休储蓄账户的金额和预计应缴纳的税费。在美国,如果一位全职员工转为合同工,他/她需缴纳的税费将会加倍。在得到一个确切金额后,柯蒂斯浏览了集客思的网站,查看了上面列出的工作以及相应的酬劳,并粗略计算了一下保持原生活水平所需的工作量,以验证他辞职进入集客思的想法是否具有可行性。

计算结果显示,如果他在集客思公司做合同工,那么每月能赚到约一万美元,和他全职工作时所获得的报酬差不多。对现在的柯蒂斯来说,他还没准备好要自行创业,但又讨厌受人管束的全职工作,所以这种居于两者之间的零工经济模

⊖ 《统一综合预算协调法案》(*Consolidated Omnibus Budget Reconciliation Act*,缩写为 COBRA),是 1985 年在美国通过的医疗体系改革方案。如果人们因为失业或换工作等原因在一段时间内暂时没有保险覆盖时,COBRA 会继续为其提供保险,但保费会比在职时稍高。——译者注

式最适合他不过。在 9 月的一个周五,柯蒂斯走进了经理办公室,告诉他自己决定辞职并加入零时工的大军。经理向他询问有什么办法能挽留他,但柯蒂斯去意已决;经理还问他是否愿意再留下来工作两周,柯蒂斯回答说他希望能立刻离职。在离开公司前,他特意去公司的咖啡室转了一圈,在自己的背包里塞满了花生能量棒、墨西哥辣味薯片,以及一大堆小包装的燕麦片。免费自取的零食可以说是他对这份工作唯一的留恋。

在第二天周六一早,柯蒂斯来到星巴克点了一杯咖啡,开始了一天的工作。

他自由了。

第三节　坏方案中的最佳选择

克里斯蒂·米兰德(Kristy Milland)育有一子,现居于加拿大的多伦多市。她选择加入零工经济的原因并不是想成为一名百万富翁,而是迫于无奈。

尽管克里斯蒂既没有大学文凭又缺乏融资渠道,但她的确具有一种与生俱来的企业家精神。她愿意尝试新鲜事物,热衷于拼命工作和自行创业,在发现一种生计行不通时,还勇于尝试另一种。

许多年前,克里斯蒂因女儿的诞生而放弃了高中学业。此后在她丈夫找工作的一段时间里,这个小家庭只能依靠社会救济金过活,她不得不节俭度日,对每一分钱精打细算:她

第一章
传统工作的终结

列出各家商店价格最划算的家居用品，把剩饭剩菜留到下顿再吃，用优惠券购物，在一美元店给孩子买童装……在此期间，她还签约加入了加拿大首批在线教育项目，并依靠在家自学拿到了高中文凭。

当她丈夫终于靠一家临时工服务中介找到工作后，她又自学了网站设计，还开了一家日托中心。此外，她还做点小生意来补贴生活，就是低价从他人手中收购二手的维尼熊豆豆公仔、施华洛世奇水晶饰品等闲置物品，然后在网上以更高的价格卖出。尤为不同寻常的是，她建立了几个粉丝网站，为儿童玩具的粉丝、某个电视节目的粉丝等提供交流的平台。

其中最为成功的是她从无到有建成的一个真人秀粉丝论坛。克里斯蒂经常熬夜观看由真人秀《老大哥》[一]节目组播出的实时视频花絮，这些视频是在《老大哥》的拍摄现场录制的，出于宣传目的，只供粉丝们在线观看。观看后，她会在新一集播出之前预先在论坛上发布剧透，让订阅用户得以了解参赛者们的最新状况。为了通过该网站赢利，她还自学了如何招揽商家投放广告，以及如何吸引用户订阅这些视频。

自从克里斯蒂的丈夫在一家雀巢工厂从临时工转为全职员工后，他们一家的日子就变得好过多了。在转为全职工作后，

[一] 《老大哥》（*Big Brother*），美国社会实验类的游戏真人秀节目，一群陌生人以"室友"身份住进一间布满了摄像机及麦克风的屋子，他们一周7天、一天24小时中的一举一动都会被记录下来，并经剪辑处理后在电视上播出。选手们在比赛时间内将进行提名、竞赛、投票、淘汰这四个阶段，最终留下来的人会赢得大奖。——译者注

这份工作的性质并未发生改变，雀巢公司的大多数经理都分不清其手下的员工究竟是临时工还是全职工，但全职工每小时所获得的报酬却比临时工高出将近一倍。这样一来，她丈夫的工资外加克里斯蒂经营各种小生意的收入，让他们一家过了 11 年可称得上是舒坦的日子。

但在 2007 年经济衰退侵袭美国时，雀巢公司卖掉了她丈夫所工作的工厂，克里斯蒂敏感地意识到，她必须重新调整家庭的收支模式。

2016 年，受"自由职业者联盟"（Freelancers Union）和自由职业供求平台"上工"（Upwork）所托进行的一项调查显示：截至 2016 年年末，在美国的非老年普通人群中，有 10.3% 的人口未购买保险；而全美 20% 的全职自由职业者均未购买健康保险。

但在克里斯蒂夫妇居住的加拿大，公民享有公费医疗的权利，因此她丈夫失去健康保险的后果并没有那么可怕。他们夫妻俩也不会因为丈夫失业而无法定期看病。不过，加拿大的处方药并不能全部享受公费，在失去了她丈夫的额外健康险后，为了治疗一些老毛病，他们每月要支出约合 250 美元的药费（加拿大公民必须先自付约合 1500 美元的药费，多出的部分才能获得政府的额外补贴）。

克里斯蒂的丈夫为雀巢工作了 11 年，所以他在离职时会获得等值 11 个月工资的离职补偿金。但在这笔钱用完后，这个小家庭就必须找到新的收入来源。

克里斯蒂通过《老大哥》粉丝网站赚到的钱不足以维持

第一章
传统工作的终结

整个家庭的温饱，而尽管她准备用一个较低的价格卖掉网站（这是个英明的决策，因为推特和脸书都推出了类似的平台，让陌生人可以聚在一起讨论各种电视节目），但卖出所得也不足以负担一个家庭的开销。此外，在迁居到一个新社区后，克里斯蒂还关掉了她开办的日托中心。而她在易趣（eBay）上卖出二手商品所赚的那点小钱，也无法弥补这笔失去的收入。

在几年前，克里斯蒂曾在电话服务中心做过一些客服工作，但她不喜欢这种被人管理的工作方式。慢慢地，她在家工作的偏好使她的履历上缺乏在外工作的经历。她没做过餐馆女招待，没有在快餐店打工的记录，也没学过任何一项能让她在工厂工作的特定技能。她曾试着在麦当劳找份工作，但没有哪一家通知她去面试。2008年，经济衰退在全球蔓延开来，工作变得更加难找。就大多数工作岗位而言，克里斯蒂要么不够格，要么缺乏经验。

但克里斯蒂是那种总能找到一条出路的人。当我在2015年和她见面时，她已年近40岁，一头长长的金发有时会用发圈束起。她的仪态不算出众，甚至脚上还穿着一双浅粉色的洞洞鞋。但她是那种具备强大决心和坚定信念的人，以至于此后见过她的一位学者跟我形容说，克里斯蒂是个令人肃然起敬的人物。作为一家网站的管理者，克里斯蒂勇于同那些不允许她进行节目剧透的电视台开战。作为一名儿童日托服务的提供者，当她的大多数客户同样因入不敷出而无法在圣诞节的前一周缴纳日托费时，她会逐户拜访这些人家并递上一封信，解释说自己已无力负担自家的圣诞晚餐了，请他们尽快付款。即使克里斯蒂无法找到一条谋生之路，也一定不是因为她没有去尝试，也一定不是因为她没有像一位斗士那样去为自己争取。

她的第一个想法就是增加自己在亚马逊劳务众包平台"土耳其机器人"网站（Mechanical Turk，以下简称"土网"）上的工作时长。该网站会将各项工作发布在一块任务面板上，以供一众接单者们挑选完成。土网的运营原理和集客思网站大同小异，但土网上所发布的任务通常极为简单，完成一项任务的报酬也只有区区几美分。此类任务通常是给照片添加标签，在电子表格上填写他人的联系信息，或是为各类网站撰写产品说明。如果那些在集客思网站上接任务的签约程序员们算是"远程人才"的话，那在土网上完成此类零工的劳动者就只能被称为"普通劳力"。

由于土网发布的任务经常既简单报酬又低，因此人们都认为大多数任务是被那些生活成本较低、生活在美加境外的外国劳工接单完成的。然而，一项由联合国国际劳工局（UN International Labour Office）所做的调查发现，在土网接单的"普通劳工"实际上通常都与克里斯蒂十分类似。该调查的研究对象包括在土网和另一个众包平台"群花"（Crowdflower）上接任务的劳动者，其中85%是美国人，36.7%有大学文凭，16.9%甚至是研究生。其中60%的劳动者承认，在开始以普通劳工的身份做零时工作之前，他们都处于失业状态。

自土网从2005年面世起，克里斯蒂就开始借助这个平台

第一章
传统工作的终结

在工余时间赚外快。她用赚到的钱给自己经营的老大哥剧迷论坛会员购买生日礼物和各种竞赛奖品。到了 2007 年,据一家经济研究机构"麦肯锡全球研究所"(McKinsey Global Institute)所做的调查显示,全美 28% 和欧洲 32% 的独立工作者都被迫而非出于自愿地放弃了传统的工作方式。克里斯蒂正是其中之一。

为了理解土网存在的原因,我们首先需要了解,机器学习和儿童学习的模式十分类似。如果你要教一个小孩子知道"猫"是什么,用语言描述出它的样子并非良策。比如,"猫是一种有一根尾巴、四条腿和两个小耳朵的动物",但很明显,狗熊也符合这样的描述。如果你想让一个小孩子在一组动物中识别出一只猫,就需要先给他们展示几只真猫或是真猫的图片,以帮助孩子在思维中构建起一只猫的形象,这样他们才能在见到其他长相不同的猫咪时,也能识别出它们是猫而非其他动物。机器学习的方式与儿童大同小异。比如,你可以试着用一段代码描述"鞋"的概念,但这么做远不如给电脑下达如下指令:"以下是一万张鞋的图片,现在自行构建出一个能识别出鞋子的模型。"

克里斯蒂在土网上一开始接到的工作就是给成千上万件外套和鞋子添加颜色标签。看到一张蓝色鞋子的图片,她就在图片上加一个标签"蓝色";见到一件灰毛衣的图片,就加上一个标签"灰色"。这样一来,亚马逊公司就能借助土网给每个颜色提供数千张图片实例,以供机器学习系统逐渐掌握能自动搜索出"蓝色鞋子"和"灰色毛衣"的算法。而通过人

零工经济
传统职业的终结和工作的未来

工标注的方式提升机器学习的能力,这正是亚马逊公司创建土网的初衷之一。

亚马逊创建土网的另一个原因是,希望用人类的智慧弥补机器的不足。早在人们只能用手机发邮件但却不能上网的时候,亚马逊就开始利用土网来解决相关问题了。比如,人们可以用手机邮件发送诸如"我附近最好的饭店在哪里"这类问题,并几乎立刻就能得到答案。这在当时看上去十分神奇,但实际上给出答案的是像克里斯蒂这样在土网接单回答问题的真人,他们会在电脑上用谷歌找出答案后再发邮件回复给提问者,每个答案仅价值1美分。

与在面世初期大肆宣扬自家公司每月都能为世界经济增加"两万份司机工作"的优步不同,亚马逊公司推出土网平台的最初目的并不是为了创造工作机会,而是通过将人类智慧与机器编码相结合,为程序员们的编程工作提供便利。科技类博客"科技细品"的创始人在土网平台推出后不久就撰写了一篇评论文章,文章写道:"亚马逊新推出的土网平台是个绝妙的创意,它能帮助应用软件的开发者们克服某些特定类型的问题,从而让其他新型应用的开发成为可能。"但人类智慧和机器智慧的结合也让我有点恐惧,因为我总是情不自禁地想到电影《黑客帝国》(*The Matrix*)中,人们的大脑被插满管子并和一台机器相连的经典画面。

在土网成立初期就开始接活儿的"土客"们,往往会被描述为"他们像玩儿游戏一样完成这种简单机械的工作";或是"他们可以一边看电视一边做点这样的零工打发时间"。而

第一章
传统工作的终结

这样的形象恰与20世纪五六十年代劳务公司对临时工的描述十分类似。正如联合国国际劳工组织在其报告中指出的：

> 人才中介行业试图推广"临时工"这一理念，即中产阶级家庭主妇如果在打理家务之余还想赚点外快，就可以选择做一些临时性的工作。在1958年，现代临时雇佣劳务行业的开拓者"凯利女孩"公司㊀的执行副总是这样描述这类新型女性工作者的："典型的'凯利女孩'是那些不愿全职工作，但又厌倦了终日打理家务的女性。或是那些为了买一款长沙发或一件皮草外套而短暂地工作一段时间的女士们。"而同为人才派遣行业的先驱之一的美国万宝盛华公司（Manpower）在1957年也曾将临时工描述为"是那些负有家庭责任、无法每天外出工作的已婚女性的理想选择"。

但上述这些对临时雇员们工作目的的猜测——为了给一成不变的生活增加点乐趣，为了打发时间，或是为了用所获得的报酬来买些无用的东西——都是不准确的。一项针对20世

㊀ 凯利女孩公司（Kelly Girl）由威廉·凯利（William Kelly）1946年在美国底特律市创立，1966年更名为"凯利服务公司"（Kelly Services）。该公司现已成为全球领先的劳动力解决方案供应商，为几乎所有行业的从业人员提供专业工作机会。——译者注

纪 60 年代初临时雇佣行业的研究显示，75% 的女性临时工坦言，她们工作的首要原因是"为了赚钱"。而且这些女性中的大多数都承认，她们需要这笔钱来应付日常生活所需的开销。数十年后的现在，在这个受惠于高科技的时代，人们同样不是为了找乐子、打发时间或赚零用钱才选择在土网打零工的。据一项调查显示，35% 的"土客"（比例并不是太高）坦承，土网平台是他们主要的收入来源。

在丈夫失业之前，克里斯蒂从未想过要通过土网获得可观的收入。但她发现了一个供土客们交流的网上论坛，并从中学到了在土网上更高效工作的种种窍门。而且她现在已经成为该论坛的高级管理员了——对熟悉她的人们来说，这再正常不过了。

自少女时代起，克里斯蒂就很喜欢上网聊天。她父亲就是美国首批电脑工程师之一，并在 20 世纪 90 年代互联网刚刚兴起时，就引导还是高中生的女儿进入网络世界。用今天的标准看，早期的互联网网速慢得令人发指。克里斯蒂当时需要使用一个调制解调器，通过电话线拨号才能上网。她会经常光顾当地的一个 BBS（电子公告栏系统），在上面留言或与他人玩游戏。该 BBS 一次只能支持一根电话线——这意味着这个公告栏一次只能容纳一个用户登录，所以她必须不时退出登录，并每隔一段时间再重新登录，以查看是否有人回复她的留言，或应对她在游戏中的出招。

克里斯蒂在高中时常作哥特式打扮，一头紫发、身体多处穿环、一身黑衣是她的标配。那时，她在班里没几个朋友，

第一章
传统工作的终结

但她常逛的论坛只有本地电话号码才能拨号登录，也就是说这些网友都住在她家附近。她很喜欢他们。这批最早期的网友多少都有点特立独行，所以才愿意尝试网络这个新事物。与此同时，他们也大都比较聪明，能很快学会上网。克里斯蒂当时也开始参加线下的网友聚会，和他们一起打保龄球，玩激光枪射击和彩弹射击游戏。这些就是她的社交活动。

目前，克里斯蒂在土网上管理着一个名为"土客国度"的论坛，这个论坛中也同样弥漫着一种协作、友善的氛围。克里斯蒂觉得土客们彼此都是朋友，大家可以分享在土网打零工的技巧，并相互帮忙获得最佳的工作。例如，亚马逊经常在土网上发布一种产品分类任务，该任务要求土客们给产品人工添加颜色标签。通常，完成这项任务需要点击两次鼠标，一次点击颜色按钮、一次点击"提交"按钮。但经过土客间的交流，大家发现该任务可以一键完成。只要按下产品颜色的英文首字母键，比如黄色（Yellow），就按下"Y"键，系统就会自动提交答案。这样一来，完成任务的效率就等于提高了一倍。

对一个土客新手而言，这类标签任务很难让他们获得一份不错的收入，但在土客论坛的帮助下，这个原本极难实现的目标就没那么遥不可及了。克里斯蒂认为，土网是任何一位零时工都可以立刻上手并赚到钱的平台，而在现实社会中找一份工作却可能要耗费数个月的时间。此外，对克里斯蒂而言，在土网接活儿既不需要她具备传统意义上的工作履历，又能让她用自己最舒适的方式进行工作，即在家解决问题。

除了不断在论坛上追踪土网工作秘诀、力求最高效地开源之外，克里斯蒂还在尽力节流，尤其是在医疗花费上。她会特意换乘两路公交车前往远在小镇另一头的一家药店，因为她在那里能以约合 4 美元的价格买到一种剂量更大但价格又便宜许多的药片补充装。回家后，她会用小刀把药片分切成适合服用的小剂量，而她原本吃的同类药片的售价高达 14 美元。她还停止了定期的牙齿检查。不仅如此，当她注意有人到本地烧烤节免费发放能治疗她丈夫胃灼热毛病的药品小样时，她不仅会立即拿一份，还会在第二天以及接来的三天都特意跑去现场领取一份。

当特伦斯·达文波特（Terrence Davenport）在 2014 年第一次听说零工经济这一象征着独立和弹性工作的"福音"时，他觉得一定是上帝听到并回应了他的祈祷。

自从几年前母亲去世后，特伦斯就几乎停止了做祷告。但某个清晨，在他准备出门开始自己的志愿者工作之前，他情不自禁地双膝跪下请求上帝的帮助。这是因为他认为自己目前所做的努力——为故乡阿肯色州杜马市（Dumas）贫困家庭的孩童提供"教会免费餐"——不足以解决他所居住的当地黑人社区中存在的更为严重的各种问题。他希望上帝能帮他找到更好的方法来帮助当地民众，尤其是黑人。

杜马市是一座人口约 5000 人的小城市，位于阿肯色三角洲地区，四面被棉花地所包围。棉花收割工作过去由黑人奴隶负责，而后由佃农接手，现在则大体上由机器完成。杜马市居民的平均年收入仅有 2.2 万美元，其中 40% 都生活在贫

第一章
传统工作的终结

困之中。

从五岁到十岁,特伦斯一直与母亲和外婆共同居住在一间曾供佃农居住的旧屋中,这是他外婆在当地种植园做女仆时所获报酬的一部分。此后,他和母亲搬到了另一所房子居住,并在那里断断续续地一直住到他高中毕业。特伦斯每晚都能睡在一片完整的屋顶之下,并且从未挨饿受冻,所以在长大成人的过程中,他从未意识到自家的穷困状态。

但他认识的老乡们,其中有些人家的境况甚至连他家都不如。尽管无论在杜马市还是特伦斯的父亲所居住的派恩布拉夫市(Pine Bluff),没人会谈论自家的糟糕处境,但特伦斯仍隐约记得童年生活中的一些浮光片影,而这会将当地的贫穷状况偶尔泄露出一些。比如,有一次某个小伙伴见到他家的泔水桶里有一块比萨饼放在最上面,就忙把它捞出来并吃掉了,但这个桶里积攒的剩饭剩菜其实是留给特伦斯的叔叔喂猪用的。食物就是食物,但"贫穷"却是一个相对的概念。

尽管未完成在阿肯色大学(University of Arkansas)化学工程系的学业,但特伦斯自学了电脑编程和网站设计。通过接一些与网络相关的兼职,以及一份在阿肯色州费耶特维尔市(Fayetteville)一家百货公司做鞋柜销售的正职,他的日子过得相当滋润。但不久之后,一通家乡来电打破了这一切。

事情是这样的,特伦斯的弟弟在老家枪击了一位女性,幸运的是这位女士并未受到致命重创。但不幸的是,他弟弟因此潜逃在外,并在不久后被发现已死亡。

特伦斯发现地方当局处理他弟弟死亡的方式十分可疑。他

零工经济
传统职业的终结和工作的未来

因此回乡一边照顾外婆，一边调查弟弟的死因。在探寻弟弟死亡当晚的真相时，他也不由得开始寻找其他一些问题的答案。他尤其希望了解最近这数十年来，家乡的黑人社区获得了什么样的待遇。为何在杜马市，黑人的贫困率是白人的两倍还多？在杜马市所属的迪沙郡（Desha County），明明黑人与白人的数量持平，但为何整个郡只有区区七家企业是由黑人创办的，而为白人所有的企业却多达 117 家？

特伦斯从很早起就开始不断遭遇种族歧视。在高中，白人学生和黑人学生分别使用不同的停车场。在大学，一位白人教授给他的论文打了不及格，理由是这么出色的论文一定是抄袭之作。作为一位网站设计师接单时，在与白人客户面谈后，他就立刻失去了本已胜券在握的工作机会。在调查弟弟死亡真相的过程中，他也发现了一些新问题，这些问题让他得以用全新的角度审视当地黑人社区的状况。如果你有资格但却因肤色的缘故而缺乏机会，这是一回事；但如果你连资格都不具备，这就是另外一回事。为何在杜马市，与他从小一同长大的伙伴们都生活得如此没有希望、如此愤世嫉俗，并且毫无积极向上的动力？

为了找到杜马市这些问题的解决方案，特伦斯认为必须先找到其根源所在。通过在市政厅查阅这座城市的历史记录，以及在当地黑人社区采访许多饱经风霜的长者们，他发现当地黑人群体在历史上先后经历了被骗取土地权、受奴隶制压迫、遭种族隔离法案欺凌、被白人私刑绞死等诸多不公正的遭遇。这些历史积累的不公正就如同一颗难以治愈的毒瘤，

第一章
传统工作的终结

不仅使当地黑人家庭的境况代代恶化，而且加剧了黑人劳动者的失业问题。

为了帮助当地黑人社区，特伦斯最先尝试的方法是加入了一个教会主办的为当地贫困儿童提供免费餐食的项目。当他看到只有几个孩子来领餐时，就开始询问街坊四邻的孩子们："你今天吃了什么？"他是特意问得这么具体的，因为如果问孩子们"你饿吗"这个问题，其实很难得到一个准确的回答，因为"饿"同样是一个相对的概念。

在意识到很多需要免费餐食的孩子无法独自一人来到教堂领餐后，特伦斯就设计了一条经停许多站点的公车路线，并开车亲自接送孩子们来领餐。一路上，他会尽力引导孩子们换一种思考方式——希望他们在生活中充满希望，并给予彼此更多的尊重。

但他很快意识到，没有家长们的支持，他没法教导孩子们，但并不是所有家长都愿意支持他，事实上，有些人甚至憎恨特伦斯所做的这些努力。其实他能理解一些家长的不满，比如，他会教导孩子们在遭到其他小孩攻击时不要以暴制暴，但这些孩子们的祖父母一定对此不以为然甚至十分反感，因为养育这些祖父母长大成人的上一辈人都经历过奴隶制，亲身体验过那种遭奴隶主暴力惩罚却无法反抗的黑暗时代。所以当这些家长们听到特伦斯教导孩子们"遇到委屈时告诉我，但别用拳头反击"时，他们会认为特伦斯是在让孩子们变得软弱。

在短短 15 分钟的领餐途中，特伦斯给孩子们的一些教导尚不足以改变当地黑人社区根深蒂固的文化传统。因此，他认为自己需要和孩子家长们进行沟通。但如何沟通？当特伦斯从杜马市教育局局长那里获得一条信息时，他认为这是上帝给他捎来的答案。

这位教育局长曾偶然旁听过特伦斯在主日学校㊀给孩子们上课，并因此对他印象深刻。特伦斯是一位出色的教师，他能够讲述你所听过的最为令人心碎的故事，但整个故事不仅会令听众们流泪，还会不时地让他们绽放出一丝会心的笑容并接收到一点乐观的精神。他还擅长用比喻来说理，这让他的教学更为激动人心，也更易被孩子们所理解。在向我解释为何杜马市的黑人居民很难信任各种外来组织时，他就打了个比方，"人心好似土壤，经历正如种子"。这就是说，当地人遭遇到的不幸经历太多了，因此很难信任他人。

这位了解特伦斯教学水平的教育局长主动联系他，是为了告诉他一条宝贵信息。一位女士准备在杜马市雇佣一位教师，局长建议她一定要在面试特伦斯之后再做决定。由于当地的手机、网络等联系方式比较匮乏，因此局长的侄子好不容易在免费餐供应点找到了他，并向他转告了这个消息。

当消息传到时，这位女士已经马上要离开杜马市了。因此特伦斯无暇去了解这份工作的具体内容，只是匆匆奔回家换了件衬衫，就赶到了位于杜马市主干道的社区技术中心与她

㊀ 在欧美国家，基督教教会为了向儿童灌输宗教思想，会在星期天开办儿童班。教师一般是一位虔诚的信众，教材则以《圣经》为主。——译者注

第一章
传统工作的终结

碰面。该女士为一家名为"萨玛资源"（Samasource）的公益组织工作，该机构由硅谷的一位社会企业家利拉·詹纳（Leila Janah）创办，目的是为生活极度贫困的人们"提供一份工作"。萨玛资源之前主要在东非和印度运营，直到最近才开始关注美国本土的穷困地区。该机构主张的是，为穷人提供食物等物品只能暂时满足他们的生理需求，而只有为他们提供一条就业渠道，才能让他们有尊严地生活并摆脱贫困。

自 2008 年起，在优步模式遍地开花之前，该公益机构就同盖提影像[一]、谷歌、易趣等高科技公司签订了劳务合同。尽管这些公司也会把给图像添加标签、数据分类等任务外包出去，但萨玛资源却能保证将它们外包给赤贫人群。现在，其创办人利拉·詹纳希望在美国也推行这种扶贫模式，因此萨玛资源已在美国加州的几个地方推行了名为"萨玛学堂"（Samaschool）的试点项目，并且有意将该项目东扩。阿肯色州的杜马市正是该机构考察的地点之一。

在两人的面谈中，这位女士向特伦斯解释说，像杜马市这种小城，很难遇到特大的发展机遇，因此入行台阶不高的零工经济才最有可能帮助当地人摆脱贫困。劳动力的发展通常包括两种方式：一是吸引更多已成立的企业入驻，二是鼓励

[一] 盖提影像（Getty Images）是一家全球知名的图片库公司，拥有 8000 万张静态图片和插画，以及 5 万小时以上的影像资料的版权。该公司由马克·盖提（Mark Getty）与乔纳森·克莱恩（Jonathan Klein）于 1995 年在美国西雅图市共同创立。——译者注

人们创办新企业。萨玛学堂希望在互联网的帮助下，杜马市能快速越过这个原本漫长无比的劳动力发展阶段。该学堂会指导杜马居民如何通过网络获得其他地区的工作机会。

萨玛资源在其他国家运营的贫困人口就业项目，都是雇佣当地人来完成美国公司的工作。但杜马项目的目标是，帮助杜马市的劳动者通过零工经济找到工作机会。

在上文我们所说的那个清晨，特伦斯向上帝真诚祷告，渴望为当地黑人社区找到一条新的发展之路。而就在他祷告后的短短数小时内，他觉得自己似乎已经找到了。他对我说："如果我给你一笔巨款，然后把你扔到一座无人的荒岛上，这笔钱就会变得一文不值。"但一份工作和一块土地一样，是具有内在价值的。特伦斯希望杜马市的黑人居民能解锁这份价值，因此十分乐于接手当地的萨玛学堂。

那位与特伦斯进行了面谈的女士告诉我，她没用几分钟时间就决定了特伦斯就是该项目的最佳人选。他极具魅力和活力，又是土生土长的本地人，并会全身心地投入到帮助当地脱贫致富的事业当中。在此次面谈后，特伦斯还在同一地点参加了另外两场面试。一次是由萨玛学堂的相关人员出面，另一次则是由该公益组织的创始人利拉亲自出马。在谈话中，特伦斯发现他与利拉都属于那种对事业充满激情的人。他觉得自己如果能拥有同样的网络体系、接触同样的资源，就很可能会与利拉有更多共同之处。

他向利拉询问选择杜马市作为帮扶试点对象的原因。利拉的回答是，她之所以会知道杜马市，是因为她在某次"克林

第一章
传统工作的终结

顿全球倡议"㊀的大会上进行发言时，有幸认识了阿肯色州经济发展署（Arkansas State Economic Development Agency）的负责人。正是这位负责人告诉她说，另一家公益机构"温斯罗普·洛克菲勒"（Winthrop Rockefeller Foundation）赞助了一项在杜马市进行的扶贫试点项目，目的是提高当地人的生活水平。利拉因此记住了这座小城。但据特伦斯回忆，利拉谈到了她选择杜马市的主要原因在于，她认为阿肯色州极具发展潜力。

对特伦斯而言，萨玛学堂来到杜马市的原因并不重要。他只是单纯地因这一事实的发生而喜出望外。在接受利拉面试的数周过后，他收到了一封来自萨玛学堂的邮件，通知他已被聘为当地萨玛学堂的主讲教师，这让特伦斯欣喜不已。

他希望零工经济能像这位硅谷女企业家所预计的那样，在杜马市顺利落地，并为这座城市带来久违的生机。

第四节　优步模式

早在成为优步联合创始人的十多年前，特拉维斯·卡兰尼克就从加州大学洛杉矶分校辍学，并加入了一家运营"点对

㊀ "克林顿全球倡议"（Clinton Global Initiative）是一个由美国前总统比尔·克林顿（Bill Clinton）于 2005 年创立的非政府组织，旨在聚集全球各界领军人物的智慧和资源来解决全球性的问题。该组织每年都会举行一次大会，议题涉及世界环境、可持续发展、气候变化、扶贫、减灾、卫生、教育等广泛领域。——译者注

点音乐和视频分享"业务的初创公司。民宿预定平台爱彼迎（Airbnb）的三位创始人中的两位，布莱恩·切斯基（Brian Chesky）和乔·杰比亚（Joe Gebbia）相识于两人共同的母校——美国罗德岛设计学院（Rhode Island School of Design）。世界领先的自由职业工作交流社区"上工网"，其创始人中的两位最初是来自不同国家但为同一家初创公司工作的同事，两人在合作一段时间后才共同创建了该网站。与大多数创立了一家运营零工经济业务的企业家们一样，上述创始人都是创造高科技产品的专家，但却并不擅长组织和管理服务行业的大批雇员。此外，他们对自己凭借高科技平台所闯入的行业也几乎知之甚少或一无所知。

在众多效仿优步推出服务类初创公司的高科技行业的企业家中，丹·特朗（Dan Teran）和撒曼·拉梅尼恩（Saman Rahmanian）这对创业伙伴看上去似乎特别不搭。他俩与马克·扎克伯格为全世界人民树立起来的青年高科技企业家的形象相去甚远，而且"跑偏"的方向是截然相反的。

前大学橄榄球队队员丹是一位金发碧眼、身材高大、体格健壮的帅哥。如果他愿意好好打理一下，看起来就会像位出身名校的富家子弟。遗憾的是，他通常都是一副不修边幅、烟不离手的形象，还经常说一些冷幽默，甚至辛辣的幽默。总之，24岁的丹可以说是个很酷的青年。

撒曼则是一位三十岁出头、已婚已育、孩子两岁的奶爸。这位"老人家"（以硅谷的标准看）从不抽烟、喝酒或骂脏话。

第一章
传统工作的终结

2013年，丹和撒曼相识于"预宣公司"（Prehype）的一场面试。"预宣"的性质可以被形容为"初创公司加速器"，它专门和世界知名的大企业与企业家们合作，挖掘具有发展潜力的初创公司并为其提供风险投资。那时的撒曼是该公司的合伙人，在两人相识那天，丹恰好是他与其他合伙人一起面试的一位求职者。

丹当时应聘的是"驻场企业家"（entrepreneur in residence）一职。在一家风投公司中，该职位的职责是帮助公司所看好的团队寻找合适的运营项目，并最终组建起一家初创公司。然而，那时的丹在这方面的履历却乏善可陈。他一直以来的抱负是成为一名政治家。因此，他的过往经历包括：帮助一名前消防员参选州参议员，为他组织竞选活动；在大学选择攻读"城市公共政策"专业并获得学位；在大学毕业后找的第一份工作是律师助理。他唯一能和初创公司扯上关系的工作是他来"预宣"面试时正在做的那一份，那时的他就职于一家名为"艺品"（Artsicle）的初创公司，该公司主营艺术品的在线销售，而丹是该公司的首位雇员。

不过，丹特别擅长说服他人、推销自己。他的家人甚至开玩笑说，丹是把自己一路"说进"美国约翰霍普金斯大学（Johns Hopkins University）这所一流私立高校的。为了被这所高校录取，丹施展了各种手段，包括但不限于：联系一切他能联系得上的该校招生办工作人员；坚持给这些人发送跟进邮件；并向他们做出保证（这是他最擅长的一招）自己一定会成为一名极为专注、全身心投入学业的优秀学生。同样，

零工经济
传统职业的终结和工作的未来

当丹首次决定自己想进入高科技行业工作后,他就开始每天阅读行业权威网站"科技细品"(*TechCrunch*)上面的文章,努力吸收该领域的文化和行话。在这个诸如"索罗门"⊖等热词层出不穷的时代,想要做到这一点可并不容易。

由于丹认识不少艺术家,所以他之前还在一家名为"网飞艺术"(Netflix for art)的初创公司谋得过一份工作。当然,实际情况是他的大学室友那时正巧是《纽约时报》(*New York Times*)的一名摄影师,每当这位室友受邀为有趣的活动拍照时,他都会以"帮忙扛着闪光灯"的名义带上丹一起去。于是,"打灯师"丹曾出席过一场服装设计师亚历山大·王(Alexander Wang)举办的时装秀;曾在位于纽约市西区大道附近的一家前脱衣舞俱乐部"韦斯特维"(Westway)聆听意大利奢侈品牌 Valentino 的创始人瓦伦蒂诺·加拉瓦尼(Valentino Garavani)老先生唱歌;曾参加过设计大师马西莫·维格纳利(Massimo Vignelli)八十大寿的生日派对——这位平面设计巨匠以"1972 年纽约市地铁地图"等众多代表作而举世闻名。一周内至少有好几个晚上,丹都会跟着室友混入几场美术馆的开幕式去蹭吃蹭喝。

在"预宣公司"的面试上,丹曾详细叙述了他作为艺品

⊖ 索罗门(So Lo Mo):一个从 2011 年开始流行于高科技领域的热门词汇,是由"社交"(Social)、"本地"(Local)和"移动"(Mobile)这三个英文单词的前两个字母组成的新造词。基于"索罗门"——即结合社交功能、本地化、移动性——的营销模式,已经被公认为未来互联网营销的发展趋势。——译者注

第一章
传统工作的终结

公首位雇员的就职经历——他自学了网站设计，安排每件艺术品的递送，每天"像狗一样拼命工作"。他知道"艺品"这家初创公司的成败取决于自己的努力程度，并每天乐在其中，觉得世界上最美妙的事情莫过于此。

撒曼喜欢丹身上这种风风火火的干劲儿和他对艺术"极富创意的感悟力"。他向其他合伙人力荐丹，建议让他负责"预宣"看好的一个艺术品方面的投资项目。遗憾的是，该项目在不久后即胎死腹中。而且"预宣"实行的是合伙人合同制，因此除非丹能拿到一个新投资项目，否则他就没有报酬可拿。但尽管如此，丹还是不时地来"预宣"上班。

这份"驻场企业家"的工作并没有听上去的那么光鲜亮丽。"预宣"的办公室坐落在纽约唐人街的一家饺子馆楼上。同楼的其他租客包括一家服装厂以及一家大型鱼丸进口商。后者是丹推测出来的，因为他注意到大楼的货运电梯中会不时出现贴有"冰冻鱼丸"字样的包装箱。

丹那时的工作就是整日坐在预宣公司那间六人共享的狭小办公室里不停地打电话，以争取到公司看好的投资项目。他基本上是在做一个志愿者。

撒曼非常欣赏并尊重丹的行事作风——无论是否有工作仍应坚持上班，这也是他父亲从小灌输给他的一项美德。撒曼的父亲曾是伊朗的政府官员，但在撒曼童年时，他父亲便已带着全家移居奥地利，并在当地经营一家波斯地毯店。在父亲的坚持下，这家地毯店每天早9点营业，晚6点歇业，即使店里整整一周都没有顾客上门，也不会提前1分钟关店。撒

零工经济
传统职业的终结和工作的未来

曼的父母操着伊朗官方语言波斯语教导他:"工作就是信仰。"这句话出自伊朗,意思是工作不应仅仅是一种谋生之道,也应是一种服务精神的表现。

丹最终正式成为预宣公司的一位常驻合伙人,负责为公司看好的企业家人挑选适合他们的创业项目并对其进行投资。当他与撒曼一起工作时,他们发现彼此十分互补,非常适合在一起为大企业打造新产品或发布新服务。撒曼擅长创意,他特别享受把控一件商品设计的方方面面,创立一个品牌,以及讲好一个故事。而丹则擅长实施这些创意,即便这需要他每天工作 16 小时,以及施展一些并不那么光明的手段。不过,每当问题出现时,他都会采用直截了当的手段进行还击。比如说,当他的一位邻居开始把香烟头等其他恶心的垃圾扔在丹住所的门口时,他会用一个干净的塑料袋把这些垃圾收集起来,再用胶带把这个垃圾袋粘到这个邻居的门上。这种做法虽然高效且立竿见影,但可能并不是进行品牌推广的最佳方式。

丹的数位好友都曾在我面前用"高尚之士"来形容他的品格。不过那些丹不喜欢、通常也不会假装喜欢的人,对丹这种耿直性格的描述则更为五花八门。但无论敌友,大家都不得不承认丹是个令人印象深刻的人,他很快就在业内赢得了"勤奋、高效"的口碑。就在撒曼想出一个能改变他和丹的命运的创业想法之前,丹仅用不到一年的时间,就从一名没有薪酬的志愿者,成功变成预宣公司的一位合伙人。

撒曼构思出的创业点子是,为公寓楼的住户们解决"物

第一章
传统工作的终结

业维修服务质量不佳"的陈年宿疾。丹对此最有发言权。他的公寓位于纽约市的布鲁克林区，里面不仅住着一个总喜欢往他家门口扔垃圾的"熊孩子"邻居，还存在许多令住户们心塞的问题。比如，天花板常会滴落不明的黄色液体；楼底的开门呼叫器按了也不响；走廊上烧坏的照明灯泡数月无人更换；公寓楼正门的锁永远是坏的，任何人都能随意进出；热水管有时流出的是冷水，而有时又会热到能把人烫伤。丹费了九牛二虎之力终于说服了大楼物业，帮他修好了楼上邻居家漏水的下水管道，解决了天花板的渗水问题。但天花板上被"水滴石穿"的一个洞，最终还需要他自己用腻子填上。

  丹与撒曼的另一个不同之处就是他们的居住条件。撒曼也住布鲁克林区，但他所住的公寓楼格外高大上，连大楼的浴室设计师本人都在业主名单上。在这座高端住宅里，尽管每户都拥有从天花板到地板的落地窗，明亮的白色大理石厨房台面，以及多区温控系统，但撒曼发现其物业管理同样是一团糟。正当丹打算给公寓楼走廊换灯泡时，撒曼为了和邻里和睦相处，同意会为业主委员与物业协调大楼的维修事宜。但他很快就为自己的热心而深感后悔。比如，想要密切监控哪位物业维修员来到楼里做了哪些工作，这几乎是一件不可能完成的任务。还有，为何一家物业公司需要六周时间才能修好坏掉的门锁？此外，照合同规定，管理员本应每周都清扫大楼，但他究竟扫没扫其实没人知道。

  如果居住条件截然不同的丹和撒曼都碰到了同样糟糕的物业体验，那么这一定是个普遍问题。这也正是撒曼想要解决该问题的原因之一。

针对物业维修问题,撒曼所构想的解决方案是在公寓楼的一楼大厅里放块电子板,大楼管理员可以通过这块电子板和负责清洁、维修以及其他相关工作的公司进行沟通,并追踪他们的工作进度。撒曼将这个物业管理电子系统命名为"Q管理",灵感来自《007》电影系列中一直为主角詹姆斯·邦德提供高科技间谍工具的Q博士。当撒曼把这个创业想法分享给公司的其他合伙人时,与他相隔几张办公桌的丹也恰好听到了。渐渐地,他俩会经常聚在一起讨论这个创业思路。他们最终决定把这个项目做起来,并共同成为公司的联合创始人。

撒曼最初的目标客户就是各栋公寓大楼的业主委员会。他雇佣了自己公寓的物业经理,安排"Q管理"的团队成员与全纽约范围内的业主委员会进行逐一面谈,推广"Q管理"这套物业服务管理系统。当时的"Q管理"团队除了两位创始人外,只有一位正式员工艾玛·施瓦兹(Emma Schwartz)。曾任房地产经纪人的艾玛主要负责与撒曼协作,轮流向业主委员们进行宣讲。

撒曼设计了一个公司标识:在一片黑色背景下的一个白色粗体的大写英文字母"Q"。他还加工出一些展示画面,使"Q管理"公司与其支撑技术看上去已十分成熟和完善了。撒曼、丹和艾玛把所有素材放在iPad上,向公司的目标客户一一展示。除上述内容外,他们还从素材图库里挑出了人们面带微笑的图片,并用修图软件给这些人编辑上带有"Q管理"

第一章
传统工作的终结

标识的黑色制服。

这三位创业者向业主委员会的成员们解释说，他们可以通过"Q管理"系统，以每小时25美元的价格聘请一位清洁员或杂务工。更重要的是，委员会成员可以访问一个专为公寓楼配置的操作系统，在上面给服务提供商们留下任务清单、张贴便条，并追踪各种物业用品的去向。而客户们只需支付劳动力的费用。

遗憾的是，向业主委员推销这一招并未奏效。这些人勉为其难地听完了撒曼他们的自我推销，但其中大多数人希望早点结束好回家吃饭。正如丹所形容的："想象一下，你正在向一群对你的话完全不感兴趣，但却维持着表面客气的人进行推销。"只有一少部分业主委员会表示出了对"Q管理"的兴趣，并答应会购买其服务。

如果公寓大楼的业主委员会对"Q管理"所提供的服务并无兴趣，那办公大楼的各家公司是否愿意为该服务买单？在一月月末，"Q管理"的两位创始人联系了他们知道的一切初创公司，并要求与其办公室经理们会面。针对公司客户，撒曼只是改掉了原本宣讲材料中的几个词，但这一次效果惊人。在他们约谈的15家公司中，约半数购买了这套物业服务管理系统。结果证明，"Q管理"所提供的物业服务系统更适合公司而非公寓住户。

那时的"Q管理"完全是个草台班子，全部身家只有一个能处理信用卡交易的登录页面，以及一份写有手机App设计思路的PDF文件。但公司向新客户们保证，他们会在四月

零工经济
传统职业的终结和工作的未来

份开始提供办公室保洁服务。此时，公司不仅需要从零开始搭建支持该服务的技术平台，还要搞清楚办公大楼的清洁方式，但留给它解决一切问题的时间只剩下六周。尽管零工经济这种"工作的未来模式"最终会成为Q管理公司历史上浓墨重彩的一笔，但那时的撒曼、艾玛和丹都在焦头烂额地推动公司仓促上马，根本没考虑过"工作的进化""零工经济"这些新概念。他们只有一个想法：找到清洁工，而且要尽快。

当公司的工程师们忙于开发应用软件时，那时负责"Q管理"具体运营事务的艾玛开始和各家可能提供办公室保洁服务的公司进行接触。保洁服务业实际上自很早起就进入了零工经济模式，只是该行业当时还未认识到这一点。至2000年，全美约40%的保洁员都并非受雇于需要清洁服务的公司，而是各家保洁公司。按照行规，这些保洁公司不仅会向客户们收取保洁员的劳务费，还会加收一笔服务中介费。像Q管理这样本身就是承包商的公司，它的合作伙伴就是"承包商的承包商"，这意味着保洁员的工作收入又要被分薄一层。此外，在办公室业主与保洁公司老板之间，保洁员们又多了一层人事联系，即"Q管理"这类雇佣中介。

艾玛十分冷静地致电了她能在纽约市找到的每一家保洁公司，向它们提出合作邀请，并保证"Q管理"很快就会发展为一家大热的初创公司。最后有两家位于纽约长岛的公司同意为其派遣保洁员。接下来，Q管理的两位创始人为保洁员们做了一场讲座，主题为"Q管理的保洁方式"，但该讲座并不是指导清洁工们提高擦玻璃和扫厕所的速度。尽管"Q管

第一章
传统工作的终结

理"定制了自家专用的各种无毒清洁剂（丹的哥哥恰好是一位化学家），而且进行了一些如何打响品牌名声的研究，但丹与撒曼都没有真正做过保洁工作。不过，对自家保洁服务在市场上脱颖而出的方式，他俩已经有了自己的想法。

"Q管理"的整体思路是直接向酒店业取经。事实是，在大多数情况下，办公室员工和酒店住客一样，通常只会注意到室内清洁没做好的地方。比如一个没被清理的垃圾桶，或是床单上一块恶心的污迹。但酒店很早就意识到，它们可以通过留下一些明显的房间已被清洁的标志，如开夜床服务⊖、在枕边摆上一块巧克力等，给客人们带来极为正面、愉悦的住宿体验。Q管理打算如法炮制。首先，公司计划在每位客户办公室的墙上都安装一部iPad，以彰显自家的高科技属性。其次，在完成第一次清洁后，"Q管理"的保洁员会在每张办公桌上留下一瓶印有Q管理标志的瓶装水。还有一招是照搬酒店的做法，把厕所卷纸的底部折成一个完美的三角形。

艾玛和撒曼特地租了一间会议室来给保洁员们进行这场讲座。所有人围坐在一张大会议桌旁，他俩向保洁员们展示了Q管理App的各种用途，并告诉他们客户会通过软件给出对清洁服务的评价。接着，每位清洁员都被拍了一张大头照，这些照片会显示在"Q管理"的App上让客户看到。此外，每

⊖ 星级酒店的床上一般都铺有床罩，下面是被子。而开夜床服务（turned-down bed）是指，服务员会在晚上6:00—9:00之间将床罩撤走，然后将被子打开一个大约是30度的角，以方便客人上床睡觉。——译者注

位清洁员都领到了一件印有白色字母"Q"标志（该标志与公司瓶装水上的标志保持一致）的黑色拉链运动夹克和一件T恤衫。创始人们最后能做的，就是默默祈祷一切顺利。

在硅谷，其他借鉴"优步模式"的企业家们都采用了与Q管理类似的方法来解决有关服务这方面的问题。有些公司像Q管理一样，选择将清洁工作分包给专业的保洁公司；还有些公司和优步一样，选择直接招募合同工，但这两种策略背后都存在着类似的误解。据撒曼回忆，他那时一直认为，"我们已经搭建了这么漂亮的交互界面，那些保洁工作当然会有人来做，生意自然能上门，我们只要守株待兔就好。"

第二章

阳光、彩虹、独角兽

第五节　口袋 ATM 机

自 2012—2015 年,那些通过诸如优步、爱彼迎、土耳其机器人等网站赚零用钱的成年人所占的比例增长了 47 倍,约 4% 的美国成年人都加入了零工经济的大军中。随着零工经济逐渐获得广泛的认同,硅谷人士普遍认为它将会改变世界。此外,硅谷人的另一项共识或至少力图自我说服的一个观点是:这种改变将会是美妙的。

这是当前高科技行业的典型表达方式,即恨不得给每样新产品和服务都冠以"能改变世界、将对社会产生积极影响"的评价。但有时此类说法听上去反而会产生一种滑稽的效果。比如,一家提供一键呼叫加油服务的初创公司"伟燃"(WeFuel),其广告语的开篇是:"每一天、以每一种方式,那些与我们生活密切相关的事物都会来到我们身边。但有些事我们不得不亲自去做,比如说开动汽车,穿梭于车流中,去完成一项超过 100 年的仪式——给汽车加油。"

但一般而言，一家初创公司究竟是能引来媒体关注并因此而大赚特赚，还是始终保持默默无闻，这两种截然不同的命运通常取决于该公司能否讲好自己的故事。不过，自从像脸书这样的大企业因它们对心理健康、个人隐私、政治选举、旧金山房价等方面的巨大影响而受到人们的密切关注，以及自从"科技是善良的推动力"这种说法在今天已不再使人们深信无疑，这种情况就已经是老皇历了，一个好故事未必能决定一家初创公司的命运。

根据优步在 2014 年一次新闻发布会上的说法，其正在创造一种强大的高科技，向全美乃至全世界的司机提供一种"全包企业家制度"。优步当时的 CEO 特拉维斯·卡兰尼克在该发布会上说："我认为，这很可能是历史上第一次，你的工作在适应你的生活节奏，而不是你的生活在配合你的工作节奏——优步很荣幸做到了这一点。"此后，在一次全球企业家峰会（Global Entrepreneurship Summit）的发言中，他还将优步比作一种"综合社会险"。他首先指出："在很多方面，我们都可以把优步视为一张覆盖整座城市的安全网。"接下来，他让听众们想象一下，如果一座城市里的一家工厂倒闭了，那工人们该怎么办，然后说："他们可以打开优步 App 的司机版，接单干活儿。"

这种"不用费脑、随时开工"的特性，也正是人们加入零工经济的首要原因之一。成为一名单打独斗的微型企业家之后，人们只要像牵线木偶一样，简单重复只有几个步骤的

第二章
阳光、彩虹、独角兽

预设定程序，就能开工赚钱。

全球最大的自由职业供求平台"上工"的 CEO 史蒂芬·卡斯瑞尔（Stephane Kasriel）在 2015 年的一次新闻发布会上指出："越来越多的人倾向于按照自己的意愿、基于自己的兴趣和所期望的生活方式来弹性地安排自己的工作时间，而且他们所获得的工作机会更是前所未有地广泛。"同年，美国一家提供零工经济模式保洁服务的公司"手边家政"的 CEO 奥辛·汉拉恩（Oisin Hanrahan）在一篇为《连线》杂志撰写的社论中写道："能提供清洁服务的人成群结队地签约加入我们公司，是因为他们能获得不少工作机会和弹性工作时间，而这两样正是传统职业所匮乏的。"当我向"食物总汇"的首席运营官斯坦·谢（Stan Chia）询问，该公司将外卖员归类为"承包人"，其背后的商业理论是什么。他并没回答我的问题，而是顾左右而言他："我们公司所提供的外卖工作让外卖员人群能够获得他们所需的弹性工作时间。"无独有偶，当面对外界传言"加入赫马公司的快递员都是由于在其他地方找不到工作、绝望之下才做的这一行"，英国最大的快递公司之一"赫马英国"（Hermes UK）的 CEO 卡罗尔·伍德赫德（Carole Woodhead）回应道，该公司的员工是因为"不愿全职工作，喜欢弹性工作制……喜欢能自主选择工作时长和班次"才进入赫马工作的。总之，凡是涉及零工经济模式的公司，无论是遭遇外界的批评还是质询，他们一般都会用"员工喜爱弹性工作制"作为回复。

这些公司高管们说得没错，对现在的员工而言，朝九晚五的工作已变得越来越不切实际。在我们传统的印象中，一份"工作"就意味着每周工作五天，周周如此，全年如此。但该印象根植于很久以前那种"老公赚钱养家、老婆打理家务"的理想家庭模式之上。但对于大部分美国家庭而言，该模式已日益罕见。在当今的美国家庭中，超过70%的母亲都需外出工作；在近40%的家庭中，美国女性成为养家主力。

现在，在大多数家庭都已不再有一位全职且无工资的家庭主妇的情况下，朝九晚五的工作模式已变为一种不合时宜的存在。这意味着一个小家庭需要承担三份工作——两份外面的工作和一份家务。对普通家庭而言，丈夫和妻子要在正式工作之余分担家务。但对于单亲家庭来说，一位父亲或母亲需要包揽家里和家外的两份工作。这对于在职工作者而言是一个巨大的负担，尤其是女性，因为她们通常仍需承担更高比例的家务活。但面对这样充满压力的现实状况，工作本身却并没变得更具弹性或时长更短，工作强度却反而日益加重。联合国国际劳工办公室（UN International Labour Office）在一份1999年出具的报告中指出，美国人在20世纪90年代的工作时长是在不断增加的，美国员工的工作时间不仅超过了世界上其他的工业化国家，甚至超过了以加班文化而闻名于世的日本员工。要知道，日本政府甚至考虑过，要让本国的工作人群每年只能享受五天的法定假期。

首先，全职工作不仅让人们没时间做家务和带孩子，还剥夺了人们钻研兴趣爱好、做志愿者或接受额外教育的机会——但这些对于当今这个高科技不断进化、相关技术不断发展的

第二章
阳光、彩虹、独角兽

世界来说,其重要性变得与日俱增。其次,大多数人都不喜欢自己的全职工作。2010—2015 年,据盖洛普相关的年度民意调查结果显示,约 70% 的美国工作者表示,他们对自己的工作并不上心。从这个角度而言,工作时间灵活的零工经济毫无疑问更具吸引力。

此外,自零工经济于 2013 年开始兴起,它也被视为解决"失业"这一紧迫问题的潜在解决方案。在美国,尽管许多全职工作者忙于同时应付工作和生活中的各种责任,但仍有相当一部分人根本找不到工作。据美国劳工统计局(US Bureau of Labor Statistics)的数据显示,全美失业率在 2009 年 10 月曾高达 10%,现在虽已有所回落,但直至 2014 年 1 月仍徘徊在 6.6%。美国人的收入不平等也在持续加剧,并于 2013 年升至自 1928 年(即 1929 年的经济大萧条到来前)以来的最高水平。

美国的各大媒体花费了许多时间和篇幅对零工经济现象进行报道,认为该经济模式能终结失业现象。媒体对零工经济的态度从最初的"谨慎而不失热情",已变为现在的全方位的顶礼膜拜。《纽约时报》的专栏作家托马斯·弗里德曼(Thomas Friedman)就是后一阵营的一员。他指出:"零工经济所造就的个人微型企业家虽然并不是解决当前经济问题的唯一答案,但一定是答案的一部分。"《福布斯》杂志在一篇 2013 年的封面报道中也解释说,共享经济和零工经济已经创造了"一场经济革命,悄然将数百万人转变为兼职微型企业家"。

零工经济
传统职业的终结和工作的未来

全美科技类报道的记者和博主们似乎也都纷纷沉浸于这种"微型企业家"的乐观想象中，一律对零工经济进行了全方位、无死角的吹捧。比如说，一家科技类博客"风投节拍"（*VentureBeat*）就在2013年发表了一篇名为"你会辞职加入共享经济吗？"的博文。在文章中，作者描述自己遇到一位拥有三项兼职工作的女性。她不仅是一位"来福车"[①]女司机，还在一个零工平台"任务兔"帮别人完成一些跑腿任务，甚至还把自己的公寓挂到了"爱彼迎"民宿网站上，通过接待游客住宿而赚一份外快。博文的作者滔滔不绝地描写道："做这三份零活不仅使她的收入远超全职工作时的死工资，还让她觉得自己无须冒创业的风险也能为自己打工。"因此该博文得出的结论与硅谷那边的观点不谋而合："我有一种感觉，我们会从2013年起开始不断听到人们辞去全职工作，通过用打几份共享经济型的零工，来获得一个更灵活的日程安排，一种更具弹性的生活方式。"

因此，我们可以参照这位女性的成功经验来推想未来工作的样貌，尤其在各种模仿优步模式的"按需App"延伸至各行各业的情况下。想象一下，程序员、律师、室内设计师，甚至医生这样的专业人士都可以用手机App随叫随到——这种情况很可能就发生在不久的将来。

《纽约时报》的科技专栏作家法哈德·曼约奥（Farhad

[①] 来福车（Lyft），美国第二大打车App，仅次于优步——译者注

第二章
阳光、彩虹、独角兽

Manjoo）在一篇专栏文章中指出，"优步以及它所代表的受手机 App 所驱动的劳动力市场，正彻底改变着朝九晚五的传统工作模式，以及人们对工作的认识。你可能没打算在短时间内去做一名优步司机，但你所选择的行业很可能会在短时间内实现优步化转型。正如优步在出租车领域所做到的一样，在有需要的情况下，高科技有潜力将一大批传统工作拆分为各种具体的小任务，分派给不同的人去完成。这些人的工资将由当时的供求关系动态决定，而且他们的工作表现会持续被追踪、审核，并受制于（有时会极为严苛）客户满意度测评。"

这种在线自由职业工作平台并非革命性的首创。早在 1999 年和 2003 年，也就是十多年前，就有两家专门招聘自由职业者的网站先后成立，它们在 2013 年合并为现在的"上工"自由职业供求平台。但当前各行各业的"优步化"却向人们展示出，高科技不仅可以用于管理工作者，还能协调他们之间的工作进度。因此，甚至连"上工"这样的行业巨头现在也开始模仿这种正当红的按需服务模式了，主动将工作推送给合适的人选，而不是像过去那样让前来招聘的雇主们耐心等待求职者们对招聘信息的回应。"上工"的产品副总裁谢恩·金德（Shane Kinder）在一次采访中告诉我："公司正在向按需服务的模式转型。希望招聘者能够在我们的平台上输入相关工作信息后，就能立刻找到一个既符合要求、又有时间完成任务的合适人选。"

而那些特定工作的供求平台，如专注于发布高级软件编程任务、招募软件工程师的"集客思"网站，一般早已通过预先彻底筛选与自由编程员们实现了这种雇主对雇员"一招即至"的按需互动模式。另一家名为"共思"（Konsus）的工作外包平台专门提供 PPT 设计、平面设计，写作与调研等商业服务，力图为客户提供一种"全面的电子商务体验"。该平台的客户只要点击网页上的"现在开始"按钮，就能以每小时 29 美元的价格购买平面设计服务，或是以每小时 35 美元的价格请人帮忙进行研究工作。而"共思"平台要做的，就是帮客户找到一位合适的自由职业者来完成相应的任务。

学术界将"按需工作者"的概念向前延伸了一些。美国斯坦福大学的一位研究零工经济的学者就打造了一个能自动管理复杂项目的计算机程序。每当该项目的一个步骤完成之后，该程序就会自动雇佣一位自由职业者，将这位新人引入团队并进行任务交接，以便完成下一个步骤。在该程序的引导下，几组试验团队中的一组，成功地将随手记录在餐巾纸上的几个新 App 设计草案变为真正的应用程序，并招募了多名使用者对这些 App 进行了测试——所有这些工作都在一天内完成。

另一组研究者来自一家非营利性研究中心"未来研究所"（Institute for the Future），他们研发出一个名为"iCEO"的软件，能自动组织、协调一项需由多个自由职业者共同完成的任务。比如，他们接到的一项任务是为一家"财富 50 强"企业准备一篇长达 124 页的研究报告。在启动"iCEO"软件后，该软件就自动从数家工作外包平台招募并协调了多位作者、

第二章
阳光、彩虹、独角兽

编辑、校对员与事实核查员。最后，该报告仅用三天时间就准备完成了，而完成这样一份工作通常需要耗费数周的时间。这些研究人员甚至不用亲自管理该项目，因为连质检和人力资源调度也都被切分成为单独的任务，被"iCEO"软件交由相关的自由职业者完成。例如，在一个元样本（meta-example）中，一位自由职业者在看到"圆桌网"㊀发布的一项工作后前来接单，这一事实本身就等于完成了一项"为圆桌网招聘合同工"的任务。

现在我们越来越容易想象，到了未来的某个时间点，任何工作——无论多么复杂或多么需要团队合作的工作——都能通过一个工作外包 App 来轻易完成。而随之而来的，就是朝九晚五这一传统工作概念的彻底消失。

与此同时，零工经济的估值也随着人们对它越来越高的期待而迅速攀升。就在 2014 年 6 至 12 月这短短半年时间里，对投资者们而言，优步的账面价值就从曾被《纽约时报》称为"令人瞠目结舌"的 170 亿美元，一举攀升至 400 亿美元。零工经济必然会创造出更多的"独角兽"公司㊁，这只是个时间问题。

尽管大多数零工经济领域的公司才刚刚起步，但它们已明

㊀ 两家知名的人力外包网站"易揽事"（Elance）和"圆桌网"（oDesk）分别成立于 1999 年和 2003 年，两家网站于 2013 年 12 月合并为"易揽事-圆桌网"（Elance-oDesk），并于 2015 年更名为现在的"上工"网（Upwork）。

㊁ "独角兽"：高科技行业对估值高于 10 亿美元的初创公司的别称。——译者注

显未来可期。比如说一家名为"邮伴"（Postmates）的按需同城快递公司，自2010年年底从一家"一人公司"起步，它在2014年时已在美国的20座城市开展起快递业务，并即将成为星巴克、麦当劳这种大品牌的合作伙伴。再比如说食品杂货当日达公司的"速购"在2014年公布说，该公司的收入接近一亿美元，是2013年的十倍。还有就是提供按需保洁服务的"手边家政"，它已经将业务拓展到了美国28座城市，并签下了5000名保洁员。当"手边家政"的单日收入突破一百万美元时，美国知名的科技类博客"科技细品"（TechCrunch）为此里程碑式的成就曾特别撰文报道。文章中引用了该公司CEO的原话，"我们的保洁员们都说，和手边家政签约，就好像在口袋里装了一台自动提款机。"

第六节　优步自由

自从辞去原本的编程工作，成为"集客思"外包平台的一名全职自由职业者之后，柯蒂斯就不再执着于以往每天带笔记本电脑去星巴克做事的惯例，而是开始追求办公地点的多样化。他不仅体验了家门口附近所有配置了可靠无线网络的咖啡馆，某些时候，他还会去图书馆工作，或是到公园或酒吧办公。他按自己的日程安排在上述地点出没，并觉得乐在其中。到目前为止，柯蒂斯已经做了两个月的自由职业者，月收入在1万~1.2万美元之间，和他全职在办公室工作时差不多。他现在有时间在每天中午去健身房锻炼，陪女朋友吃

第二章
阳光、彩虹、独角兽

午饭,还盘算了好几个度假计划。对他而言,硅谷对零工经济乌托邦式的描述似乎并非虚言。

在做上一份朝九晚五的全职工作时,除了对数据挖掘(data-mining)这份活计乐在其中,柯蒂斯厌恶全职工作其他所有的一切,比如说办公室政治,森严且冗长的等级制度,以及为了升职或进行一些工作上的新尝试所需的自我推销。但在集客思平台打零工,所有他所厌恶的事情都不复存在了。只要他在完成工作项目时表现出色,他的等级(该平台称之为"业力值")就会随之增长。成功完成的项目越多,他的业力值就会越高。而业力值越高,支持集客思平台运转的程序算法就会越信任他,对他开放更多更有挑战的任务。也就是说,在零工经济模式下,他可以心无旁骛地专注于工作本身,而无须为传统工作中那些糟心事而分心。

几乎每一家运营零工经济业务的公司都创建了一套大同小异的评分系统。优步要求在每次车程结束后,乘客与司机都要给彼此一个五星制的评分。以零工经济模式运营的保洁公司"手边家政"也采用了同样的五星打分制。零工众包平台"上工"会让客户留下的评价和星级直接显示在相关员工的简历上。由于经营零工经济业务的公司不存在传统的"经理"一职,因此这类公司只能在平台程序算法的支持下,凭借这些打分来了解其手下零时工并对他们进行相应的奖惩。最高惩罚就是撤销一位零时工的账号——在零工经济领域,这个词意味着该员工被解雇了。当然,这类评分制对一些员工而言可能有复制歧视或武断随意之嫌,但却让柯蒂斯如虎添翼。

在集客思平台上,他不仅能接到足以谋生的任务,而且随着业力值的提高,他接到的任务也变得越来越有趣。有时,他还能在完成任务的过程中学到新技能。

当然,柯蒂斯当前的零工经济生活模式也并非十全十美。他只有工作才有钱可赚,再也无法享受传统工作中的"带薪逛游戏网站",也没有免费零食可以享用。此外,他还在三月份接到法庭通知,要求他履行陪审员义务。而在担任陪审员的整整一周里,他都处于没有收入的状态。尽管美国联邦法律并没强制要求雇主支付其员工在担任陪审员期间的工资(只有一些州的法律有此要求),但据美国劳工统计局的一项有关员工福利的调查显示,超过60%的工人以及81%的专业人士和管理人员,都能在履行陪审员义务时照常领薪。但作为一个自己管自己的"独立承包人",柯蒂斯自然享受不到这份优待。

不过,这些不利的方面都是可控的。柯蒂斯在辞职前准备了足够他生活一年的备用金,而且他之前的每个月都能在集客思照常工作,因此这笔钱还分文未动。在担任陪审员期间而损失的一周收入并没影响到他的日常生活。不过他会在接下来的一个月里勤快一点,赶上工作进度。尽管失去了免费零食和一份有保障的薪水,但柯蒂斯在零工经济模式下获得的自由和挑战对他而言更为重要。到了四月份,也就是他从事自由职业的第七个月,柯蒂斯表示自己再也不打算去任何一家初创公司求职了。他对我说:"我不认为初创公司能为我提供一份比目前更好的工作,但加入它要面临的风险却比做

第二章
阳光、彩虹、独角兽

自由职业者还高。因为初创公司一般给员工开的薪水都比较低，而员工所获得的公司股份在未来可能会一文不值。"我提醒他别忘了优步的特例，这家初创公司现在已具有数百亿美元的市值，公司的早期员工们都已幸运地成为百万富翁。但柯蒂斯觉得，较之于一夜暴富这种比较罕见的情况，他宁肯每月实实在在地获得一份固定收入，所以还是做自由职业者更适合他。

上述就是其倡导者们当初描述的，后经柯蒂斯本人的亲身经历所证实的事实：零工经济的确能让一部分人生活如意。

亚伯身上有一股夸张的自信，而且他天生擅长和陌生人打交道，这种性格之前使他成为一名出色的服务生，现在则让他变成了一位大受欢迎的优步司机。当开启优步 App 接单时，亚伯会在车里播放经典老歌，为乘客提供口香糖，有时甚至是几杯威士忌酒。他告诉我："无论乘客们想做什么，我都有所准备。比如，他们想在后座喝酒，对此我没有问题。只要别把车子弄脏，乘客想做什么都行。"亚伯还在社交媒体上发了多个视频，录制了乘客们在后座跳舞，他本人在驾驶座手握方向盘、随着音乐节拍摇头晃脑的样子。他对此自评："我的优步，与众不同。"

优步并不允许乘客指定司机，但亚伯却和自己的几位老客达成了默契。这几位乘客会在需要打车的时候先直接致电亚伯，等坐进车里后，他们才会打开优步 App 发送打车要求。在这种情况下，亚伯自然是距离乘客最近的司机，优步系统一般都会直接把这一单指派给他。

亚伯一般都在晚上开优步,他经常会先驶过一排热门俱乐部和酒吧,这里正是介绍他加入优步的朋友第一次向他展示优步App用法时所经过的地方。亚伯在这里接到的客人通常都已经喝醉了,但他对此并不反感,"我其实还挺喜欢接这样的单的,因为喝醉的人很容易相处"。很明显,喜欢总是相互的。据亚伯展示给我的邮件显示,在优步的五星评价体系中,他获得的乘客评分高达4.9。

每介绍一位新司机签约优步平台且该司机的载客次数积累到20次后,亚伯就能获得200美元的奖金(在不同城市和不同时间段,优步奖励给司机的"介绍费"也有所不同)。亚伯在拉人入伙方面很有经验,毕竟他在传销机构中也学到了一些有用的东西。而说服他人加入优步这个能提供真正工作机会和报酬的平台,总要比拉人加入传销机构更容易些。在2015年4月,亚伯在脸书上创建了一个名为"优步自由"的账号(该账号意为"因优步而拥有自由"),并在该账号上发布了许多有关"成为优步司机益处多多"的推广内容。他希望看到这些信息并有意成为优步司机的人在签约时,能填上他贴在该账号页面上的推荐码,从而增加获得"介绍费"的机会。

亚伯发布的第一个视频是他用手机在自己的车里拍的。视频中,一只大金毛犬乐呵呵地坐在车里,亚伯的画外音是:"这是韦伦,优步的新人司机。放心吧,韦伦,一定给你打五星。"

第二章
阳光、彩虹、独角兽

根据他在传销机构学到的"吸引力法则",亚伯相信在脸书上看到这些宣传视频的人里面,一定会有人受到吸引,加入这种全新的优步生活。

自克里斯蒂的丈夫在 2011 年失去了在雀巢工厂的工作后,时间已过去了两年。尽管她重返校园并完成了高中学业,但仍未能找到一份全职工作。但在 2011—2012 年这段时间里,克里斯蒂却在亚马逊的劳务众包平台"土网"上收入颇丰,每年都能赚到 4 万美元以上。尽管这是缴税前的数字,但比起在"土网"打零工的大部分劳动者,克里斯蒂的收入已算是一枝独秀了。

据联合国国际劳工办公室在 2016 年发布的一份报告显示,像克里斯蒂这样的"众包工人",有 40% 将众包工作作为其主要收入来源,平均收入为 1~5.5 美元每小时。居住在美国的土网劳动者(以下简称"土客")时薪中位数是 4.65 美元,而居住在印度的"土客"的时薪却仅有 1.65 美元。如果以克里斯蒂每周在土网工作 40 小时(她经常都会超过这个时间)计算,她的小时收入一般都会高达 20 美元。她之所以能在收入上傲视同行,是因为她掌握了找到报酬最高的工作,并高效完成此类工作的秘诀。

在土网工作的新手们一般都赚不到什么钱,这主要是因为:他们还没有资格接到那些需要积累一定的土网工作量后才能获得的、报酬较高的工作,他们在选择工作时不采取任何策略,他们尚未掌握高效完成任务的方法。我之所以知道这些原因，是因为我自己就是一名土网新人。出于对土网工作的好奇，我有一天也注册了一个账号并试做了几份工作。

土网的界面远没有亚马逊其他互联网产品那么时尚，而是有点"老土"，风格看上去很像 21 世纪初那几年的互联网论坛。从这一点我们也可以推测，该网站可能并不是亚马逊公司的一个重点项目。"土客"们经常接到的"人类智慧任务"（即对人类而言很简单，但电脑却很难完成的任务，如之前提到的识别颜色、识别动物等）都显示在一块面板上。你可以根据任务类型，在上面找到自己有"资格"做的工作。这种资格通常包括，某些工作指定了接单人所在的国家，或是某些工作要求接单人必须曾成功完成某个数量的任务。你通常会根据一段简短的任务描述来选择一项任务，例如，"将一段 35 秒的音频或视频内容转为文字"，然后在土网平台上完成该任务后点击"提交"。每提交一次，就能赚到一小笔报酬。

我只花 5 分钟就在土网上创建了自己的账户，之后又用几分钟找到了自己有资格接的工作，但最后却几乎花了 1 个小时才赚到 1 美元。我能选择的大多数任务，要么是填写一份调查表以供学术研究使用，要么是给形形色色的图片添加标签。其中一项任务是一位微软的研究员发布的，他正在开发一种图像识别软件，所以需要"教导"机器学会识别各种各样的事物，该任务让我花费了最多的时间，因为我需要给数百张画有动物的幻灯片逐一添加标签。每张幻灯片上都包括五张图片，图片上显示了处于不同场景的同一种动物。而每张图片都要手动标注 11 个标签。这意味着，我需要点击 55

第二章
阳光、彩虹、独角兽

次才能标注一张幻灯片,而每完成一张幻灯片我只能赚到0.05美元。

在标注了几轮后,我发现自己希望能多碰到几张鸟类的幻灯片。因为鸟类在被拍到的时候,通常都是一只鸟高飞在天空,标签库的"床、人、窗、桌、球"等选项大多都用不到。我只需要点击并拖动一个标签"鸟",工作就完成了。不过,如果一张图片的内容是"一辆正行驶的汽车的后车窗里探出一只狗头",事情就比较麻烦了。我可能需要动用"车""镜""狗""人"这四个标签才算完成任务。如果在这张图上,开车的司机正在打电话,那还要再加上一个"手机"标签。如果这辆车行驶的道路上还出现了其他交通工具,那"摩托车"标签也可能要添上。只有标注鸟类图片最简单,只需要一个标签"鸟"就能搞定。所以说,鸟类图片不仅能让我省下宝贵的数秒钟时间,还能让我的手腕在快速翻动一张张幻灯片之余少点劳累。在苦干了两小时后,我已经头晕眼花、筋疲力尽,但却仅仅完成了61张幻灯片的标注,只赚到了1.94美元。以我的工作效率为标准,克里斯蒂在土网上能年入4万美元,这实在是令人难以置信。

克里斯蒂接到的那些报酬更为丰厚的任务,一般来自于那些一次性发布上百份或上千份小型任务的雇主。她会安装一些小软件,使自己能够更容易地完成那些常见的分类工作。比如说,她只要点击键盘上的"y"键就能添加"黄色"(yellow)这个标签,点击"b"就能输入"鸟"(bird)这个标签,而不用点击好几次鼠标来选择、拖动并确认每一个标签。这样一来，她只需 5 秒就能完成对图片上一个物体的分类。按这个速度工作，1 小时就能完成 720 个物体的分类。假设每张图片上有两个物体，每张图片的分类标注价格以 0.03 美元计算，她 1 个小时就能赚到 10.8 美元。她还会接一些更为复杂但报酬更高的任务。比如，为产品网站撰写产品描述，每段描述的酬劳为 1.5 美元。如果她 5 分钟能写一段，1 个小时就能赚到 18 美元。关键就是要做得快，并能长期坚持。

克里斯蒂创建的土网打工者交流网站"土客国度"(Turker Nation) 有一个专门的论坛，土客们可以在该论坛上彼此提醒土网上有"好活儿"出现。这里的"好活儿"是指那些报酬较高而且可以大批量完成的零工。为了确保自己不会错过任何一份"好活儿"，克里斯蒂特别设置了一个自动提醒系统，每当一份新任务发布在土网上，该系统就会查看该任务的报酬，以及她是否具有接下任务的资格。如果一份她有资格接下的任务报酬在 0.05 美元，她的电脑就会发出"呼"的提示音；如果报酬在 0.05~0.25 美元，电脑会发出"嘀嘀"声，类似洗衣机在洗衣完成时发出的提示音；如果报酬超过 0.25 美元，电脑就会发出类似更为刺耳的、叫人无法忽略的警笛声。

无论克里斯蒂在家中的哪个地方，如果她听到上述提示音，就会第一时间跑到电脑旁。在土网上，一份报酬较高的工作会有成千上万人争抢，先到先得。到了晚上，克里斯蒂会睡在放电脑的书房里，这样她就能即时醒来接单，而且不会吵到她的丈夫。多亏这个提醒系统，她经常能发现一份好

第二章
阳光、彩虹、独角兽

活儿。然后,她会利用自己设计的第二件自动工具帮助她接满 25 份任务,这是土网用户每次能够申请的最大接单量。接下来,她会拼命在最短时间内完成这些任务,以争取在同类任务被其他竞争对手瓜分之前再抢到一批。

她最不愿错过的任务之一是为亚马逊的"问答服务"提供答案。这类每 15 分钟会发布一批的任务有两大优点:一是人们其实经常会提出同样的问题,克里斯蒂为此特别准备了一份电子表格,并列出一些常见问题的答案,以提高答题速度;二是为了奖励接单者提供优质答案,亚马逊每月都会拿出几百美元来奖励那些答案获得该问答服务使用者们最多好评的答题者。要知道,每回答一个问题的报酬仅有 1 美分,因此这几百美元算得上是一笔高额奖金了。这让克里斯蒂不愿错过任何一批问题。她的一般工作流程是:听到提示音就快速抢单,在 5 分钟内回答所有问题,休息 10 分钟后等下一批问题放出时继续抢单。

克里斯蒂会优先考虑的另一项亚马逊任务是为该网站审核商品照片。亚马逊鼓励用户上传各种商品在实体店的真实照片,以便网购者能在亚马逊网站上更容易地找到自己想买的商品。此举的本意是鼓励顾客们货比三家,但并不是人人都会为了该目的而使用亚马逊购物 App 的这项功能。比如,有些比较恶劣的用户会上传不雅照片,在碰到这类情况时,克里斯蒂就会回之以一本名为《我已报警》(*I'm Calling the Police*)的图书的购买链接。这种不失幽默的回击也属无奈之举——由于亚马逊系统的设置,她在与他人"交流"时,只能向对方发送亚马逊商品的链接,而无法发出其他内容。不过,克里斯蒂却从此类"麻烦任务"中另辟了一条财路。每当亚马逊用户发送来实物照片,她就会回复一条她自己的亚马逊联盟营销链接㊀。如果这些用户通过该链接购买了亚马逊的商品,她就能得到一定比例的抽成。

克里斯蒂还开始通过土网去主动接触客户,询问一些任务发布者在设计招工要求方面是否需要帮助。有时,她能借此收到一点咨询费。

在土网上,雇主与土客之间,以及土客与土客之间的关系都比较微妙。一个比较普遍的现象是,许多公司会将同一份任务在土网分别发布三次,得到三位土客的回答以确认答案的准确性。如果其中一位提供的答案与另外两位不同,那发布任务的公司就会假定前者提供了错误的回答并拒绝支付此人的报酬。为了避免这种事发生在自己身上,一位土客需要做的就是设立两个土客账户并接下同一项任务,并提供类似的答案。但有些爱钻空子的土客会为自己的两个账户设置自动聊天机器人,并让它们提交一份任意但彼此匹配的任务答案。这么做的结果是,在接下同一任务的"三位"土客中,有"两位"因为彼此的答案一致而获得了报酬,但另一位认

㊀ 联盟营销(affiliate marketing)是指一个拥有个人网站和博客的自媒体人,与某个商家达成协议,在自己的个人平台上发布该商家的产品链接。如果此人的粉丝通过点击该链接购买了商品,商家就会支付给这位自媒体者一定的佣金。——译者注

第二章
阳光、彩虹、独角兽

真完成任务的土客却分文未得。当有人这样浑水摸鱼时，土客们能做的也只是提醒彼此尽量避免这样的行为。

克里斯蒂觉得自己完全不能离开家和自己的电脑，否则就有可能会错过优质的工作机会。此外，与快餐店店员、保洁工等职位不同的是，尽管她在工间休息时间没有钱拿，却能凭借更快的工作速度和更灵活的工作手段赚到更多钱。赢得这一职场游戏的关键是，她一刻也不能懈怠。但正是这份心态激励着克里斯蒂勇往直前，她给自己设定了每天在土网赚100美元的目标，而她经常能依靠1美分、1美分的积累，成功达成该目标。

在阿肯色州的杜马市，特伦斯正忙着为新推出的零工经济课程招募生源，希望能帮有需要的人另辟一条谋生之道。为了推广"萨玛学堂"的这个新项目，他在杜马市的当地报纸《号角报》（*Clarion*）上刊登了一则广告。该广告的内容透着一股浓厚的"硅谷风"：参加本课程的学员将有望成为为自己打工的互联网微型企业家。

在通过了入学初试的30位学员中，有农场工人、家庭护工，还有几名长期失业者，甚至包括一位当地的小学教师。萨玛学堂的教学计划是，教会学生在全球最严谨规范的综合类人力服务平台"上工"上找工作。不过那时的"上工"还未合并，分属于"圆桌"（oDesk）和"易揽事"（Elance）两家劳力外包网站。在"上工"平台上，各类科研辅助、数据输入、客户服务等机械但简单的零活很多，而且求职者无须拥有大学文凭也可以申请。因此,如果杜马市居民想通过"上工"谋生,他们必须学会有效地推销自己,并安装上家庭网络。

特伦斯把杜马市的社区高科技中心作为授课地点,也就是他当初接受面试的地方。该中心是一栋于2012年建成的红砖建筑物,看上去像一个迷你高中。楼里配置了几部公共电脑,一间人力资源发展办公室,以及两间宽敞明亮的大教室。本地大学会在这里开设一些课程,萨玛学堂也在此地授课,教室的一排排白色课桌上放着黑色的电脑。

当这些学生在零工经济领域找工作时,他们的进展并不顺利,但特伦斯也帮着他们一起找。慢慢地,一小部分学生确确实实地开始了在线工作,这是他们之前想都不敢想的工作方式。

在特伦斯执教一年后,我拜访了他的得意门生之一,加里·福斯特(Gary Foster)。加里那时住在铁轨旁的一间整洁的拖车式活动房屋里,因为它距离铁轨特别近,所以每当火车经过,整个房屋就会随之摇晃。房门开着,但门铃坏了,我只好朝着门里喊了一声:"有人吗?"

"请进!"里面的人回答道。

我走了进去,这间方方正正的小屋子里面摆满了翠迪鸟的填充玩具,这是加里的妻子最喜欢的卡通动物形象。加里本人正坐在一张桌子前,桌上并排摆放着两台笔记本电脑。他一手给自己重新戴上了一副带麦克风的耳机,一手伸出来和我热情相握。这时耳机里传来的一声尖锐的提示音"叮",我

第二章
阳光、彩虹、独角兽

这才意识到为什么他刚刚没法应门。

"您好,感谢致电西尔斯百货家电保修部[1]。"他用一种冷静、自信的声音说道,"我是加里,有什么能帮您的?"接下来,他就开始与一位居住在纽约市、空调发生故障的客户进行了一番交谈,期间还不时地从电脑中调出他所需的参考资料和客服应答脚本。

直到不久前,加里还在为当地的一家狗粮制造厂工作,但当工厂被出售给一家新公司之后,他就遭到了解雇。在失业数月后,加里当时在离家一小时车程的泰森食品工厂[2]找了一份晚班的工作,但他对晚上开车上班这件事又恨又怕。他对我抱怨说:"任何时候、任何东西都能突然窜到车前,然后你就会撞上它,而这通常会把车子搞坏。你只能黑天半夜地停在那里,直到有人来解救你。"

他还反复抱怨说:"去工厂那边也根本没有公交车可坐,太偏了。"

于是,他前往当地的劳动就业中心,希望能换份工作,就在那里听说了特伦斯主持的就业课程。

接受培训后,加里虽未能如愿在"上工"平台上找到工

---

[1] 西尔斯百货(Sears)是一家美国知名的百货公司,成立于1886年,总部位于芝加哥。在1989年被沃尔玛超过之前,它一直是美国最大的零售卖场。不过随着实体百货业的不景气,西尔斯也从2010年的3500家实体店缩减为2018年8月的506家。——译者注

[2] 泰森食品(Tyson Foods Inc)创办于1935年,总部位于美国阿肯色州,是全球最大的鸡肉、牛肉、猪肉生产商及供应商之一。——译者注

作，但特伦斯帮他在一家大型的客服公司"跃升"（Arise）谋到了一份零工。

不过，加里也并非被"跃升"公司直接雇佣。该公司聘用的是所谓的"独立业务经营者"，也就是分包商，而这些分包商才是加里这种电话客服的直接雇主。特伦斯正是发现一家分包商正在招聘新的合同工，才推荐加里去应聘的。

进入加里这个新雇主的官网，你首先会看到一幅幻灯片，上面是一位头戴耳机、浓妆艳抹，牙齿被精修得过于洁白的白人女性。在这幅幻灯片下面是一段说明文字，解释了这位分包商自认为远超同行的理由。其中的一个要点是："我们付给员工的报酬要高于最低工资，并且有加薪的机会，而其他分包商只会按分钟支付最低报酬。"这条要点似乎是在说，给员工开出比最低时薪标准高一点的薪水，已经变成了一件值得吹嘘的事。毕竟，政府并未规定企业必须支付给合同工的最低工资。

最核心的加里，中间雇佣加里的分包商，外层雇佣分包商的"跃升"公司，以及最外层雇佣"跃升"的西尔斯百货，这四者之间是层层嵌套的关系，颇像一组俄罗斯套娃。

毫无意外，"跃升"公司将这种俄罗斯套娃式的外包体制视为一种创新。在其官网的"公司简介"页面上，你首先会看到一个标题"充分利用众包优势"，下面的内容是在向浏览该网页的潜在客户宣传："跃升"会充分利用"技术的创新突破与获奖的专营、专利技术"，并会"为许多得不到充分服务的群体提供成为微型企业家的机会，使他们能基于自己的生

第二章
阳光、彩虹、独角兽

活方式和生活所需弹性地安排时间。"所以说，硅谷那边并不是大力推广零工经济这项"改变世界的创新"的先行者，像"跃升"这样的外包服务公司才是。

由于特伦斯与分包商进行了协商，加里最终并未支付这笔电话客服的培训费，而其他一些合同工们都付了。但为了参加这次为期三周、每天四小时的培训，他也很难找到其他工作，以至于一时失去了收入来源。

所以他在这段时间里付不起任何账单。"我收到了断水、断电、断网，几乎是断掉一切的通知。"他苦涩地说。到了七月份，他接到了一份聘用通知，上面写着："这是一份任意制雇佣[一]的工作，你将以合同工的身份获得报酬，并有责任缴纳州与联邦机构所规定的全部应缴税费。"这份招聘信的末尾还加了一句与整封信冷冰冰的语气截然相反的热情问候语："欢迎加入本公司。"他的时薪是每小时9美元，只比阿肯色州那时最低的时薪标准高了1.5美元。

有8个子女（其中一个和他一起住）和11个孙辈（上次和他聊天时，他告诉我第12个孙辈就要出生了）的加里是一名出色的客服人员。业界对客服有三个评判标准，分别是排班契合率（即客服是否能按约定做满工作时间）、平均通话维持时间以及通话质量。加里告诉我，他这三项的评分都位居

[一] 任意制雇佣（At-Will Employment）是美国劳动合同中的常用术语，指雇主可以以任何并非非法的理由（如因雇员的种族或宗教信仰而将其解雇），在并未提前告知雇员的情况下，随时将其解雇。——译者注

公司前 5%。

他自豪地说："我应答时的语气既坦率又冷静。"有一次，一位火冒三丈的客户来电，威胁说他会对自己家中（包括 10 间浴室中）安装的每个电源插座、每盏灯，以及每只吊扇申请索赔。

加里就任凭他在电话中发泄了一番。最后，这位客户承认："你知道的，我家怎么可能有 10 间浴室。"

加里回答说："没事，我还没帮你提交索赔要求，想等你平静下来再说。"

培训结束后，加里就开始了正式工作，他的生活状况也随之有所改善。由于收入的提高以及新的弹性工作时间，他甚至在计划和妻子去夏威夷庆祝他们结婚 15 周年。畅想着自己的海滨假期，他微笑着告诉我："我们以前都没度过蜜月。"他在这个非传统的岗位上努力着，至少就目前而言，这份工作非常适合他。

与"土客"克里斯蒂以及其他出于无奈才转入零工经济模式的每个人一样，加里可能是在选择有限的情况下才成了一名零时工。但与受零工经济生活模式所吸引的编程员柯蒂斯，以及受"成为一名企业家"的机会所吸引的优步司机亚伯一样，加里也满怀希望地开始了自己在零工经济领域的征程。

第三章
问题频发

第七节 一个自相矛盾的故事

随着零工经济的不断发展,人们逐渐意识到尽管该模式具有独立、灵活和自由等优点,但它可能并不适合所有人。

最令人震惊的新闻报道之一,当属《华盛顿邮报》(*Washington Post*)的记者莉迪亚·迪菲利斯(Lydia Depillis)在 2014 年 9 月撰写的一篇特写文章,该文章的主人公是一位名叫安东尼·沃克(Anthony Walker)的独立保洁员。通过这篇特写文章我们了解到,沃克每天会把自己四岁大的女儿送到一家日托所,然后拖着自己的一个装满了清洁工具的拉杆包坐上一辆华盛顿特区的公交车,花两个多小时前往公司派他去做保洁的一户人家。他所签约的零工经济保洁公司"家乐"(Homejoy)会支付给他 51 美元作为这份保洁工作的报酬。这意味着把将近五小时的通勤往返时间算上,沃克每小时才赚 10 美元的税前收入——而且他没机会获得任何员工补偿金、失业补偿、休假，或各项退休福利。可能这点收入怎么也比没收入强，但这种情况显然与硅谷所一直鼓吹的"零工经济"的各种美好愿景相去甚远。

从2014年到2015年，揭露零工经济真实现状的类似报道层出不穷，这让人们很难相信在当下的美国，这个好工作变得越发难寻的经济体中，零工经济会为人们提供高品质的按需工作机会。陆续有报道揭露：优步公司在未给出任何解释的情况下，撤销了一些签约司机的账号；"家乐"公司保洁员的月收入甚至不够支付房租；那些为零工经济型外卖公司，诸如美国的"邮伴"、英国的"递路"（Deliveroo）等工作的送餐员，他们的工资一直低于当地的最低工资水平。

"我认为公司希望打造出的外卖员形象是——我们都是年轻的中产阶级，衣着时尚，送外卖只是为了赚点零花钱。"递路的一位外卖员对英国《卫报》（*The Guardian*）的记者抱怨说，"但事实是，许多外卖员都是移民或当地的工薪阶层，而且大多数外卖员都在全职工作，因为他们需要钱。"（而递路公司对媒体的说法是，该公司85%的外卖员都只是利用零工经济模式赚点外快。）

在零工经济领域工作的底层员工们，其贫困率非常之高。在美国总人口中，年收入低于三万美元的贫困人口所占比例为26%；在零时工的群体中，其比例为49%，大约是前者的两倍。而据麻省理工学院的研究人员计算，三万美元是美国一个四口之家维持最低生活的基本额度。在纽约市，对一户典型的四口之家而言，"年最低生活工资"要涨到4.6万美

第三章
问题频发

元。据《纽约时报》刊发的一篇报道显示，一家自称能代表五万名网约车司机的组织告诉该报记者，在扣除开支之前，其五分之一的成员年收入都不到3万美元。之前，当零工经济的倡导者们在畅想该经济模式的美妙前景时，他们未能将那些掌握高级技能的零时工（如自由美术设计师、记者、电影制作人员、程序员等），与那些只具备基础技能的零时工（如保洁员、司机、土客等）区分开来。

独立承包人（independent contractor）作为一个群体，其收入要高于做正式员工（employee）的同行。此类独立承包人大多数和我们之前提过的纽约市编程员柯蒂斯一样，属于具有高级技能的自由职业者，他们的年收入能到六位数甚至更多。但一直以来，低收入的工作人群往往会因当前这种"去雇员化"——即从能享受养老金、医保、失业金公司正式雇员，变为不享受上述一切待遇的合同工——的趋势而深受其害，而非从中受益。一项调查发现，"合同工"性质的保洁员和保安的收入要比"正式员工"性质的同行们分别少15%和17%。而另一项研究则发现，处于"外包工作岗位"的保洁员的收入会减少4%～7%，而保安则会减少8%～24%。此外，与那些直接与公司签约的同行们相比，外包保洁员和保安享受各种福利待遇的可能性要小得多。

美国政府问责办公室在2015年联合发布的一份报告中指出，较之做同样工作的"常规员工"，全美的"派遣制劳工"（contingent worker，包括临时工、分包工和自由职业者）在收入上会比前者少10.6%，而他们获得一份由工作带来的退休金的可能性也较之前者少了三分之二。该报告的作者还指出："较之常规员工，这些派遣制劳工的工作不稳定性可能更高，而对自己所获得的工作待遇和工作安排的满意度会更低，这是因为派遣制工作通常不稳定，或无法负担常规员工保障的费用。而较之常规工作，派遣工作也通常会导致更低的收入、更少的福利待遇，以及对公共救助体系的更大依赖。"

经济学家大卫·韦伊（David Weil）在他的专著《断裂的雇佣关系》（The Fissured Workplace）中指出，较之独立承包人、为承包商工作的劳动者，以及为短工中介工作的劳动者，那些在大公司工作的长期员工会享受更高的工资和更多的福利待遇，其原因如下：

> 在20世纪中期，工作场所的特征是大公司会雇佣多种类型的员工，从拥有高级技能的工程师和专业管理人员，到掌握某种特定技能的生产工人，再到保洁员和场地管理员，涵盖了高中低档的工作岗位。而将这些拥有多种技能和职业类型的员工安置在同一屋檐下，一个重要的结果就是，公司会与全体员工分享公司收益。无论一家公司是否成立工会，分享收益的方式通常都是通过设定员工工资来实现的。尽管有些企业的"利益分享"行为是出于心怀公司员工的考量，但大多数企业这么做是出自"理性的利己主义"。由于"公平待遇"会影响到全体员工的士气，因此

第三章
问题频发

公司在制定人力资源政策时（包括决定员工薪酬时），通常会采取"雨露均沾"的原则。尤为普遍的一种观点是：一位员工的薪水高低，部分取决于其他员工的收入水平。如果一家大公司雇佣了高管、秘书、工程师、技工和保洁员，该公司就需要了解所有庇荫于同一公司"保护伞"下的员工对工资结构的想法。结果就是，保洁员的薪酬会随着老板付给工厂工人的工资而水涨船高。

然而，当各大公司不再直接聘请保洁员，而是通过保洁公司雇佣合同工时，其考虑重点就从"怎么做才公平？"变为"哪家保洁公司的开价最低？"与此同时，由于医保可能成为一项决定员工是否被错误分类的证据，因此公司为合同工提供医保已成为一项法律责任。

在如脸书这类财大气粗的高科技公司中，正式员工与合同工的待遇存在着天壤之别。那些掌握高级技能的高薪员工可以免费享受各种保洁员、司机、保安等合同工所无法享受的特殊待遇。脸书的一位保洁员玛利亚·冈萨雷斯（Maria Gonzalez）在 2017 年告诉《卫报》："正式员工能享受免费的洗衣和理发服务，还能在任何时候免费就餐和健身。这些平常需要付费才能享受的服务，他们分文不花就能获得。清洁工就没这种待遇，我们只能领到一份薪水。"

不过脸书给合同工的待遇已经不差了，最低时薪是 15 美元一小时，而有不少公司完全是在赤裸裸地"虐待"合同工。

零工经济
传统职业的终结和工作的未来

在一篇报道《我们如何计算临时工与非临时工的受伤率》中，美国新闻调查机构"为民"指出，较之传统的公司员工，临时工受工伤的概率要比非临时工高出36%～72%。除了临时工，其他类型的派遣制劳工的遭遇也不容乐观。《今日美国》揭露了派遣制劳工所受的不公正待遇，以及某些大公司为避免承担对非正式雇员的安全责任与公正待遇所施展的种种恶劣手段。该报道披露说，洛杉矶港口的货车司机必须每日工作20小时以上，否则在工作一周后结算工资时，他们反而会欠公司一笔钱。这是因为这些货运公司要求司机以每周分期付款的方式从公司手中购买他们所驾驶的货车，而这笔款项每周都会从司机的工资里扣除。此外，一旦司机的表现不能令公司满意（在一个案例中，一位司机只是一天未能上班），公司就会没收该司机的货车并分文不退。

洛杉矶的港口司机属于大规模零售链条中物流环节的一个组成部分。但在面对此类派遣类劳工遭到不公正待遇的指责时，那些高度依赖这些司机（但从技术角度而言并未直接雇佣他们）的大型零售连锁企业，却纷纷给出了一致的回复。当《今日美国》的记者向美国塔吉特连锁百货公司（Target）的发言人提及，其供应链上的卡车货运公司有触犯员工权益的行为时，该发言人回应说："塔吉特对此不予置评。"另一家美国连锁百货杰西潘尼（JCPenney）的发言人则告诉同一位记者："此事有赖于公司的第三方运输供应商遵守一切适用的法律和法规。"而韩国LG电子（LG Electronics）的发言人对此的回应是"我们并不是想撇清，但此事发生在遥远的美

第三章
问题频发

国",而且"确实与 LG 电子毫无关联"。

同样推诿责任的公司远不止这些连锁百货商店。美国维护劳工权益团体"全国就业法计划"(National Employment Law Project,简称 NELP)就曾代表一些送货员起诉位于纽约市曼哈顿区的几家杂货店。其中一位工人每天要工作 10~12 小时,每周工作七天,而周工资仅 90 美元。2010 年,在一场美国参议院下属"健康、教育、劳工和退休金委员会"(Committee on Health, Education, Labor & Pensions)所举行的听证会上,NELP 向委员会汇报说:"各家杂货店都声称这些送货员并非被其直接聘用。但与送货员直接签订劳动合同的劳动力经纪人却辩称这些工人都是合同工,不能享有正式员工的待遇。"

零工经济的拥护者都喜欢通过数据来表明工人们喜欢该经济模式下的弹性工作时间,但这些数据并未显示在与工资薪酬、工作保障、福利待遇和工作安全性等因素相提并论时,工人对弹性工作时间的在意程度。美国一家知名的私人非营利性机构"全美经济研究局"(National Bureau of Economic Research)曾设计过一项研究方案,目的是了解工人们在选择工作时对弹性工作时间的重视度,而不是证实他们是否觉得弹性工作是个好主意。该研究由普林斯顿大学经济学家亚历山大·马斯(Alexandre Mas)与哈佛大学经济学家阿曼达·帕雷斯(Amanda Pallais)联合主持。他们以招聘客服中心工作人员的名义找来了 3000 多位求职者,并要求他们在两份内容相同但工作时间不同的工作中进行选择。一份工作提供了朝九晚五的传统工作时间，而另一份工作则提供了包括五种可选项的弹性工作时间。两位研究主持者随机制定了这两份工作的薪酬。有时两份工作报酬相同，有时弹性工时岗位的报酬会比传统工时的略高或高出许多，有时则反之。

马斯和帕雷斯发现，在面对两种工作选择（一种是弹性工时，另一种是传统的朝九晚五工时并需要在办公室工作）时，弹性与否其实对绝大多数工人的最终选择影响甚微。比如，当传统工时与弹性工时的薪酬相同时，只有60%，即稍占多数的求职者选择了后者，以便规划自己的时间安排。平均而言，如果同样要工作八小时，工人们都愿意接受每小时减薪0.48美元，以获得自己决定何时开始工作的权利；但他们都不愿意为了能自由安排工作时长而接受任何减薪。换言之，弹性工时对工人而言有一定的重要性，但不是很大。"如果你问大家他们是否喜欢弹性工作时间，人们自然会回答是的，他们喜欢。"马斯在一次采访中告诉我。"但如果你这样提问，'你可以选择何时开工、收工以及工作多久，但会因此被扣除一部分收入，你还愿意接受这份工作吗？'这就是另外一种情况了。"因为薪水高低才是人们真正在乎的，所以至少是我们的研究结果显示，大部分人对此的回答都是"不愿意"。

第八节　别给我们打电话

一份招聘零时保洁工的在线问卷中包括了这样一道选择题："如果你在雇主家的桌子上发现了一张10美元的纸币，

第三章
问题频发

而且旁边并未有纸条说明这张纸币的用途,这时你会怎么做?"

A. 拿走这10美元,因为它应该是给你的小费。

B. 不去动这10美元,因为你并不知道它是否是给你的小费。

C. 向客户询问这张10美元是否是付给你的小费。

对我而言,正确答案明显应该是B:把钱留在原处,而且不要向客户询问它是否是一份小费。

"假设你想要在周一工作满8小时,但周一一早你却发现,公司当天只给你排了一份2小时的工作。这时你会选择怎么做?"

A. 取消这单工作,因为2小时的活儿不值得你大老远跑一趟。

B. 仍去完成这份工作,因为你已承诺了接单。

C. 致电公司的员工支持团队,告诉他们必须再给你安排一单,你才愿意接下这单。

答案B"完成这份工作"似乎是正确选项,即便这意味你在路上所花的时间甚至比2小时的工作时间还要长。

"在客户家打扫时,你会接听私人电话吗?"

A. 我会接听。

B. 只有当客户在其他房间时,我才会接听。

C. 我从不会在工作时间接听私人电话。

答案自然应该是C,毕竟这是工作时间!

该测试由一家保洁领域的零工经济公司主持，目的是为公司签下一批 2015 年能在纽约市接单的新保洁员。我先是在克雷格列表网站（Craiglist）看到了该公司的招聘广告："我们正在寻找高素质的独立保洁员，你可以自主决定具体工作时间与时长，收入潜力高达每小时 22 美元。最活跃的员工周薪会超过 1000 美元！"

输入了姓名、地址和清洁履历后，我就根据网页链接跳转到了刚刚的测试，它是求职申请的一个组成部分。

传统的自由职业雇佣关系是相当清晰的，独立的工作者会接下他们能够独立完成的工作。而在零工经济模式下，类似"上工"的自由职业供求平台促进了此类工作的开展。客户会在该平台上寻找工作者交托任务，而工作者在平台上接下任务后按约完成，期间无须平台的任何指导。

但随着优步以及各行业"优步式"零工经济初创公司的成立，该经济模式的一个固有矛盾也渐露端倪。一方面，各类零工经济公司都希望逐步树立一个提供优质服务的良好声誉，以培养信赖度高的忠实客户。另一方面，这些公司的律师都建言说，如果公司为合同工（independent contractor）提供培训、制服、各类福利，或定期轮班等通常让正式员工（employee）显得训练有素并会提高他们归属感与幸福感的种种待遇，很可能会让公司面临"将正式员工错误归类为合同工"的指控。

第三章
问题频发

　　这种经营零工经济业务的公司可以说是左右为难。如果公司不为零时工提供培训或不给他们设置明确的工作要求,其服务水准必然会参差不齐,从而影响公司口碑。然而,那些提高零时工服务水平,以便他们为公司客户提供更优质服务的手段——如让他们每周都为熟悉的客户提供服务,而非每次都随机指派陌生的新客户,为他们提供良好待遇,指导他们提高业务水平,都可能会让公司遭遇到诸如"为节约运营成本而将正式员工归类为合同工"的指控。这迫使零工类公司不得不进行昂贵的转型,将签约的零时工统统从"合同工"的身份转为"正式员工"。

　　在美国,"合同工"与"正式员工"缺乏统一的区分标准,各州都有不同的法律规定。在欧洲,各国的相关法律也极为复杂,并对"独立签约人"(即合同工)中的"独立"二字缺乏一个明确的定义。一般说来,"独立签约人"能够自主决定完成工作的方式,有自负盈亏的能力,并因需要承担责任,还在与其他企业签约时具有一定的议价权利。但要判断一家公司的某个零时工是否受到了"正式员工"的待遇,这可能需要通过一场诉讼才能搞清楚。

　　因此,这一灰色地带让我们很难定义"正式员工",同时也让一些公司很容易在这方面钻空子,将"合同工"的边界不断扩大,甚至到了故意"指鹿为马"的地步。这些公司一边将其零时工定义为"合同工",一边却对他们进行和"正式员工"一样的管理和控制,以至于他们完全无法获得"做自己的老板"所应享有的、真正的自主权。美国财政部税务管理监察署（TIGTA）在 2013 年发布的一份报告指出，据美国国税局估计，在美国约有数百万名员工都被其公司以这种方式错误地归类为"合同工"。

在奥巴马总统执政期间，任美国劳工部工资与工时司（Wage and Hour Division）负责人的大卫·韦伊（David Weil）曾在《哈佛商业评论》（*Harvard Business Review*）上发表过一篇相关论文。他在文中叙述了一个经典场景："周复一周，我似乎每周都能看到我司的各地区办公室在调查有关对各类工种的工人分类不当的案子。这些劳工包括但不限于清洁工、家庭护工、墙面工、宽带安装工、厨师、货车司机，以及物流配送中心的扛包工。其中最能说明问题的一个例子是，一些建筑工人在某个周末回家时的身份还是正式员工，但出于某种神秘未知力量的影响，在接下来的周一他们突然接到通知，说他们已成为数百家有限责任公司的'成员/企业主'——这种身份转换有效地剥夺了他们受美国联邦以及所在州就业法规保护的权利。"

零工经济公司为何不把自己的员工都重新归类为"正式员工"，以避免受到此类"错误分类员工"的指控呢？

虽然没有法律明文禁止这些公司向自己的正式员工提供与其独立员工相同的弹性工时待遇，但《财富》杂志（*Fortune*）在 2015 年的一篇分析报道中指出，如果优步这样做，每年就要额外支付 41 亿美元。优步的一位发言人告诉《福布斯》说，这么做的真正花费其实难以计算，因为这意味着优步的商业模式很可能会随之发生根本性的改变。此外，路透社在

第三章
问题频发

一篇报道中指出，根据2016年的一桩诉讼案的相关法庭文件，互联网打车服务公司"来福车"（Lyft）如果将旗下的司机招聘为正式员工而非零时工，那么在2012—2016这四年间，公司仅在加州一地就应给司机补发1.26亿美元的工资。但来福车回应说，该数字是将公司旗下所有的司机都视为正式员工而计算得出的，但其实许多司机在这四年间的驾驶时间都少于60小时，完全没达到正式员工的标准。

投资人自然不会选择投资这种单位经济效益（unit economics）如此不佳的公司。美国一家提供远程在线私人助理服务的公司"择求"（Zirtual）就是一个典型的例子。据该公司自述，其在2015年解雇了数百名员工的原因之一就是它把自家的合同工全部转为了正式员工。在这次人事整改后，该公司也随即被另一家大型初创公司平台"思达普"（Startups.co）收购。择求公司的联合创始人之一马伦·多诺万（Maren Donovan）告诉彭博社："目前所有提供按需服务的共享经济公司都建立在雇佣合同工的基础上，一旦它们将合同工转为正式员工，这种商业模式就将遭到毁灭性的打击。"

为了避免遭受这种毁灭性的打击，零工经济公司往往不得不使用"花言巧语"或耍些小手段来巧妙地筛选和管理其合同工，如本章开篇中所提及的用创意问卷调查的方式筛选和引导清洁工的工作表现。这样一来，公司就算不上"完全控制员工的服务方式与服务表现"，而这些员工也就不符合美国国税局对"正式员工"的定义，仍能被算作"合同工"或"独立承包人"。而这么做需要公司精心策划，与员工产生一些不言自明的默契。美国知名商业杂志《快公司》在一篇报道中引述了"家乐"公司——一家现已倒闭的美国零工经济保洁公司——前纽约市分公司总经理凯蒂·谢伊（Katie Shea）的说法。她坦言："我们必须非常间接地向员工进行暗示。比如，公司不能告诉你怎么做，但我们能告诉你的是，其他员工用哪些做法获得了五星好评。"可以说，零工经济公司这种煞费苦心的做法就是为了避免自己卷入劳资纠纷的诉讼。但这些公司都对"将正式员工错误归类为合同工"的指控十分不满，认为这是一条老掉牙的法律，已经不适用于劳动者凭手机软件找工作的就业现状了。

现在让我们回到刚刚的保洁公司面试，在通过了公司的网上测试之后，我和其他清洁工候选人受邀参加了一场公司组织的入职介绍会。这场介绍会是在曼哈顿中城区一栋脏乱差的办公楼的六楼召开的，一间小办公室里放着几套廉价的塑料学生桌椅，坐了20来人。到场的所有求职者都经过了一轮电话面试，其中大多数都是黑人，不少人为了面试都穿着休闲西装和黑色休闲裤。

公司的一位纽约分公司经理主持了这场介绍会，就让我们称她为"卡罗尔"——这当然不是她的真名。卡罗尔主持会议的腔调和一位小学老师差不多，她不断地要求到场的求职者参与会议的互动，以免大家走神。她首先播放了一段一位模范员工的视频，这位员工在视频中说："我喜欢成为这家公司的合同工，是因为我可以做自己的老板。谁不愿意能多点

第三章
问题频发

时间和家人共处呢？"这位女员工还解释说，每完成一份清洁任务，她都会自己花钱买一束鲜花放在工作地点。

这段视频播完后，卡罗尔向全班提问道："我们从中能学到什么？"

而每当有人做出回应，她都会把他们的答案重复一遍或换句话复述一遍。诸如：

"没错，这样你就能自主工作，成为一名独立承包人。"

"是的，视频中的这位女士的确对她的工作充满热情。"

此外，卡罗尔还兴高采烈地重申了一个显见的事实。"能做体力劳动的人不难找，但我们公司想要的是像她这样的员工。"

观看并讨论过视频后，卡罗尔接下来为大家介绍了公司的App，告诉我们如何使用它来管理自己的工作安排，并将它称为"你开展业务的根本保证"。与此同时，她仍不忘继续替自家公司"吆喝"。她解释说，这份工作的最大好处之一，就是员工可以选择在被公司业务覆盖的37座城市中的任何一座就业。她的原话是："如果你想在冬天离开冰冷刺骨的纽约，到温暖如春的迈阿密玩儿几天，这份工作就特别适合你。如果你想带孩子去某个迪士尼乐园度假，途中你也可以选择为公司打几份工。"当然，度假期间，员工是没有任何收入的。

"我们的公司为何与众不同？"卡罗尔继续提问。

一位坐在教室后排、身着干净白衬衫的男子举手回答说："公司提供弹性工作制，让我们可以自由选择工作时间。"

卡罗尔对他的答案报以一个问题："大家知道优步吗？"

然后她接了一句:"我们就是家庭保洁领域的'优步'。"

随后,她又播放了第二个视频,这次视频的主角是一位带着英国口音的保洁员。这位保洁员的说法与第一个视频的主角大同小异:"对我来说,成为一名独立承包人意味着自由和灵活。"

接下来,卡罗尔用投影为我们解释了保洁员的薪酬制度。她告诉我们说,客户会对保洁员的服务留下反馈意见,公司很可能会把这些意见"打印下来并贴在冰箱上,以便人人可见"。不仅如此,客户打分也会影响到保洁员的工资。

保洁员的起薪通常为 15 美元一小时,如果不把往返于各个工作地点的时间以及清洁用品的成本算进来,这个报酬算是相当不错。如果员工能在一周内都表现良好,时薪就会涨到 17 美元。而那些拿顶薪的保洁员——也就是工作小时数最高、客户评价最好的那些——能拿到 22 美元的时薪。卡罗尔解释说,考虑到客户评价系统对工资的影响,保洁员最好把一份活儿踏踏实实地做好,而不是尽可能多地接任务。此后,她又开始为我们解释零工经济的运作机制:保洁员每推荐一位朋友和公司签约,就能获得 50 美元的介绍费;每获得一次客户指名要求的回头生意,就能获得 5 美元的奖励。尽管卡罗尔并没强调,但她做陈述所搭配的 PPT 上显示了一页的警告"保洁员如试图私下拉走客户,将立即被公司免职,其信息也会立即被平台删除"。也就是说,虽然生意是你自己的生意,但客户并不是你自己的客户。

此后,卡罗尔一点点地把坏消息透露出来。

第三章
问题频发

她指引大家注意到放在教室墙角的一大堆宝蓝色拖轮袋。这些袋子里装着保洁员起步所需的一切清洁物品,包括一个吸尘器和一个拖把。但这袋物品并不免费,而是价值150美元,并会从员工的工资单上扣除。这意味着,如果一名员工提供一次清洁服务的时间为两小时、每小时15美元的话,他最初五次的保洁工作就都等于白做(该公司的一位发言人告诉我说,公司现在已经停止了这种做法)。卡罗尔尽力把该话题限制在"独立承包人"的范围内,她辩称说:"这个拖轮袋不是强制购买的;但既然你在经营自己的生意,就该自己购买清洁用品。"

除了这些清洁用具,拖轮袋中还装了许多带有公司标志的营销材料。其中包括:①公司为保洁员定制的名片,在完成保洁服务后,保洁员都会给客户留下一张;②一张任务清单,保洁员会在上面勾选完成了哪些任务;③带有公司标志的贴纸。按公司规定,在卫生间清洁完成后,保洁员要将厕纸尾端折成三角形,并贴上这样一张贴纸。

同样,这些营销物品也并不是免费的。保洁员不仅要按该初创公司的要求将这些营销物品在清洁完毕的场所中四处摆放,还要自己出钱购买它们。

这时,一位坐在前排的男子举手向卡罗尔进行确认:"所以,如果这些清洁工具、营销材料用完后,我们必须自己再买吗?"

她毫不犹豫且毫无歉疚地回答道:"当然。"似乎这是个答案显而易见的问题。

更多的坏消息还包括，如果一位保洁员提前 2~36 小时取消一份工作，工资会被扣掉 15 美元；而如果提前 0~2 小时取消一份工作，就会被扣掉整单收入作为惩罚。尽管这条政策听上去十分严厉，但公司也没有更合理的办法来确保每位保洁员都能准时到岗。毕竟，这家公司不存在也不能设置一个"主管"的岗位来指导或批评保洁员，如果公司这么做，就等于是将他们视为正式员工来监督，而不是能完全自主工作的"独立承包人"。不过幸好，如果客户取消订单，公司也会以同样的方式扣除其违约金，而被"放鸽子"的保洁员则会得到这笔外快。此时另一位求职者问道，如果保洁员遇到紧急状况怎么办？卡罗尔回答说："你可以和公司的帮助中心商量这个问题。"

她在回答这个问题时的态度让我觉得，这个帮助中心估计没什么用处。

接下来的环节是另一场测试，参加这场入职培训的所有求职者都被要求点击手机上的一个超链接，跳转到一套在线问卷页面。在卡罗尔离开教室去批阅大家的答卷时，她告诉我们把课桌摆成一个个小圈子，让大家"彼此分享点工作经验"。一位在公园管理处全职工作并希望做点零工增加收入的母亲分享说，她曾做过管家工作，因此她能提供的建议是：在做任何事之前都要征询客户的意见，因为人们对"什么是对、什么是错"往往有不同见解。一位曾在健身房工作的男士分享了一些用刮玻璃器擦窗的小窍门。而一位曾在全美知名的"老海军"（Old Navy）服饰品牌工作过的年轻女孩向她

第三章
问题频发

所在的讨论小组成员传授了钩针编织的诀窍——关键词是"勾出一个蝴蝶形"。

那她有保洁工作的经验吗?"太多了。"她回答说。不仅如此,她还有一个新闻学的学士学位,并已经完成了一半的护士培训项目学习——没全部完成是因为她付不起剩余的学费。

当卡罗尔回到房间时,她当场让两位没通过测试的求职者离开了。然后向其他人询问他们是否还有什么问题。在场的人提出了两个:如果发现床虱大量滋生该怎么办?在打扫房间时,如果发现一位家庭成员正背着配偶做了一些让我们感到不舒服的事情,又怎么办?

卡罗尔先是回答说,我们都会在工作中遭遇很多"如果……该怎么办"的问题。接着她故技重施,继续向在场的应聘者征求答案。而她期待的回答是"去浏览公司 App 的帮助板块"。该板块的确对许多普遍问题提供了答案,比如对"这份工作让我觉得不舒服或不安全"这个问题,答案是"离开工作场所并报警"。再比如,"如果客户意外把自己和保洁员都锁在了屋外怎么办?"或"如果保洁员遗漏了一个预定的清洁项目,或出现其他违反服务条款的操作,而客户希望能退回一部分已付给公司的费用"。

"我们会向你们打电话求助的!"前排一位穿着 T 恤的女性大声说道。

罗尔反射性地纠正她说:"别打给我们。"

优步极为擅长通过其手机 App 来管理旗下的签约司机，也就是它口中的"独立承包人"。《纽约时报》在 2017 年刊发的一篇报道中指出："优步聘用了数以百计的社会学家和数据学家，前后开发并实验了种种管理手段，如视频游戏技术、图形信息技术，以及没多少经济价值的非现金奖励等，来驱动司机们驾驶更长时间、工作更努力——司机们有时甚至愿意在几乎没什么赚头的时段和地段坚持工作。"

　　优步的一项策略是它灵活的定价机制，当司机在繁忙时段驾驶时，他们能得到更高的报酬，这就鼓励了更多的司机在这些时段工作。《国际传播学刊》（*International Journal of Communication*）2016 年刊登的一篇论文就曾指出，优步利用这种定价模式来要求旗下司机在特定时段工作，司机们经常会收到如下短信：

> 　　你确定现在就下线不再接单了吗？你所在区域的打车需求极高。多赚点再走，现在别停。

> 　　优步提醒：高峰时段的打车需求极高，就是现在！登录你的优步 App 好好赚点外快吧。优步不停！

> 　　友情提醒：据优步预测，新年前夜将会是全年最繁忙的夜晚。在如此繁忙的时段，千万别忘了出门接单！

　　除了这种特定时段报酬更为丰厚的奖励手段，优步还鼓励

第三章
问题频发

司机们逢单就接，无论是否赚钱。在这篇论文撰写期间，优步最低的车费大致是 5 美元，这意味着在优步收取佣金后，如果司机接到短程订单，他们只能赚到 3 美元左右——在不考虑加油、换机油等费用的前提下。而优步的第二招是，让司机在决定是否接单前对订单细节所知甚少，这样他们就无法回避短程的客人。

同样，他们在接单前也无法知道，这一单是否要将乘客送到距离市中心极远的地方，这样他们在回程时几乎没有接单的可能，因此等于跑了两趟但只收到一单的报酬。而一旦司机接单，优步便强烈反对他们取消行程。如果司机取消过太多行程，其账号就会被优步关闭。

第三招就是"保障车费"，这是指优步希望一些司机能在高峰时段或重大事件发生时出车，他们会付给这些司机的时薪。该时薪通常会高于普通薪酬，所以"保障车费"和第一招"灵活定价"十分类似，只不过"保障车费"需要司机实现承诺一定会出车。这篇个案研究的论文还一针见血地指出："一方面，优步在发布该信息时使用了'可选择参加'或'敬请回复'的措辞，这在表面上履行了它一直向司机们所宣传的理念，即为优步工作会让他们拥有工作的自由和选择的权利。另一方面，这种招数还掩盖了优步的等级制度，那些被选中的司机会基于不透明的薪酬标准而获得更为丰厚的报酬。优步司机的确可以自由选择弹性工作时间，但代价是收取较低的报酬。但这份'弹性'需要适应并依赖于打车需求，以及优步的基本薪酬是否有保障——如果连基本薪酬都保不住，较低的报酬只会更加缩水。"

上述这三招已经让优步司机很难搞清自己一周究竟能赚到多少钱了，而优步还喜欢在不给出任何事先通知的情况下不断调价。在很长一段时间里，优步司机所获得的薪酬都是他收到的全部车费的一定百分比。所以一旦车费下调，他们每英里的收入也就随之减少。在亚伯生活的堪萨斯市，优步在2015年1月实施了一次季节性降价，降价的幅度很大。举例来说，从堪萨斯市中心到机场这段长达19英里的行程，原本车费会在38美元左右，但降价后只有22美元。不仅仅是堪萨斯，在同一时间，优步在其他47座城市也执行了类似的降价政策。对此，公司为司机提供了"保障收入"，以应对其收入的缩水。但获得保障工资的前提是，司机需要达到90%的接单率，并在每60分钟的工作时间内保证50分钟都是在线的状态。这基本上意味着这份"零时工"已变为"专职"，与公司将司机定位为"独立承包人"的初始宣传完全不符。

优步在宣传中避而不谈的另一项内容就是这份工作的成本。在2014年5月，优步打出广告说，其提供"优步X"服务⊖的司机（指那些没有豪华轿车或SUV的优步司机）在纽约市的月收入超过9万美元，在旧金山的月收入超过7.4万

⊖ 优步所提供的叫车服务根据司机所开车型的档次分为五类：人民优步、优步X、黑色优步、优步XL与优步尊享。人民优步是最便宜实惠的，使用私家车的司机只能做人民优步，但可以兼职。其他四类服务的车型档次依次上调，而且司机必须与和优步有合作关系的汽车租赁公司签订租车合同，并全职工作。——译者注

第三章
问题频发

美元。公司在其新闻宣传博客上指出,"全美范围内的优步 X 司机都是实实在在的小型企业家,向人们展示了零时工司机这份工作也是可持续性的、能赚钱的。"《华盛顿邮报》竟然轻信了该宣传,并以"优步的卓越发展或将终结出租司机的低薪时代"为题,对此进行了专门报道。

然后,优步对司机收入的估值并未扣除做零工司机所需的成本。而这笔费用之高,让包括堪萨斯市的亚伯在内的许多优步司机都大为吃惊。优步司机需要自行购买汽油、车险,没车的司机还要分期支付购车费用,而这些钱公司都不给报销。"我没想到做这份零时工的成本会这么高。"亚伯抱怨说。"机油至少要一月一换,还有洗车费——虽然公司没规定零时工司机必须洗车,但开着一辆很脏的车去载客,这太不专业了。再加上汽油费、车内空气清新剂,成本一下子就上去了。"亚伯根据美国国税局 2015 年所估算的专职出租车司机的成本,将自己的驾驶成本也设定为每英里 58 美分。优步对乘客的收费一般是每英里 80 美分,它通常会从中抽取 20%~30% 作为佣金,外加乘客所付的叫车定金——这使优步公司的收入更上一层。对此,亚伯自述:"我花了好长时间才意识到,我赚到的车费并不都是我的。优步坑人!"

优步公司内部曾经估算过,它的司机在支付了油费和其他轿车维修维护费用之后,其收入远没有优步公司对外宣传的那么美好。当其定价模式被泄露给媒体后,优步公开了内部估算出的司机收入减去驾驶成本后的实际收入。平均而言,在得克萨斯州休斯敦市一带,优步司机的收入为每小时 10.75

美元，在密歇根州的底特律市为 8.77 美元，在科罗拉多州首府丹佛市是 13.17 美元——该数值略低于沃尔玛超市 2016 年度全职员工的平均时薪。美国新闻网站"百资得"（BuzzFeed）根据优步提供的定价模型数据，计算出了在丹佛市、休斯敦市和底特律市用于汽油、车险以及其他驾驶支出的费用，分别占优步全职司机总体收入的约 22%，24% 和 31%。在上述三个市场中，优步司机的工资收入都高于当地的最低工资，但没有高出太多。此外，与发放最低工资的全职工作不同的是，为优步打工并不能享受带薪休假或是医保等福利。还有，优步支付给零时工司机的薪酬随时都可能发生改变。

尽管优步一直将自家的司机岗位美化为"创立一家微型公司的新方式"，但在内部陈述（其内容最终也被泄露给了新闻媒体）中优步认为，它这种零工经济性质工作的最大竞争对手是麦当劳的工作。在 2017 年 1 月，优步同意向美国联邦贸易委员会（Federal Trade Commission，简称为 FTC）支付 2000 万美元，以便与指控它"通过夸大收入而误导司机入行"的原告方达成庭外和解。

尽管实际收入和工作机会与优步所宣传的有着很大距离，但一些优步司机对这份工作仍十分满意。因为不管怎样，这也是一份实实在在的工作。而且正如优步所宣传的，这份零时工可以让人们在做家务和照顾孩子的间隙，顺便赚点外快。不过，那些通过优步与车行签约分期购车的零时工司机们却觉得，优步迫使他们无法放弃这份工作。随着优步降低了车

第三章
问题频发

费，司机每英里收入中越来越大的一部分都被自动从工资单上扣除了，以支付他们的购车费用。一位持有这种想法的优步女司机对《卫报》的记者说："我觉得自己被骗了，像奴隶一样为优步公司免费打工。"她最终沦落到以车为家的地步。"这一切就像是多米诺骨牌效应，"她说，"这份工作毁了我的生活。"

对于像亚伯这种为实现财务自由而加入优步的人来说，为优步工作的现实令他们尤为失望。亚伯虽并不想成为一名优步的全职司机（超过半数的零工经济从业者都将做零时工作的所得视为一份补充收入），但他仍希望获得公司的公平对待。而优步公司却与他曾加入并坑了他数千美元的传销组织一样，让他觉得自己被一家机构所做出的好到令人难以置信的承诺误导了。但他对此所做出的反应也与当时他对付传销组织时一样——亚伯并不打算保持沉默。

在亚伯当初发现他落入传销组织的陷阱后，他就给当地电视台的一位新闻调查记者发了一封电子邮件。而这位记者瑞恩·凯斯（Ryan Kath）那时也正巧从美国联邦贸易委员会（FTC）那里掌握了几个类似的针对该传销组织的指控。在该记者对此进行报道后，该新闻很快在全美传播开来。美国广播公司（ABC）的一档节目《观察家》（*The Lookout*）因此特别邀请亚伯飞往该传销组织的总部芝加哥市，并派出一辆被该传销组织创始人凯文·特鲁多（Kevin Trudeau）开过的、价值23万美金的宾利为他接机。西装革履的亚伯佩戴着一块与领带同花色的红格纹胸袋帕，在喝下几杯缓解紧张的迎宾酒之后已经略感头晕——当然，他的 ABC 东道主们对此毫不知情。他先后被带到该传销机构的办公室，以及一所据称是特鲁多名下的占地 1.4 万平方英尺（约合 1300 平方米）的豪宅。亚伯的任务是作为受害者的代表去敲门，但不出所料，无论是办公室还是住宅都无人应门。在返回的路上，ABC 的东道主还让他驾驶这辆宾利过过瘾。当亚伯接过方向盘时，节目组的一位主持人微笑着向他介绍："亚伯，它的发动机可是足有 600 马力！"

"那是我一生中最快活的一天。"亚伯告诉我说。

而现在，感觉自己受到优步欺骗的亚伯决定故技重施。在 2015 年 7 月，他在自己名为"优步自由"（Uber Freedom）的脸书账号上发帖指出："堪萨斯市的优步司机们：是时候团结一致、共同发声了！我们需要联合起来告诉优步，我们受够了！加入我们，确保堪萨斯市的优步司机被公平对待。"他还写道，就在 10 天前，优步已经把佐治亚州首府亚特兰大市的车费下调了 22%，这是自亚伯成为优步司机以来，优步在短期内首次对车费做出的巨大调整。"怎么做才能保住堪萨斯市的现有车费？"亚伯在帖子中问道。

与此同时，优步关闭了亚伯的司机账号。据亚伯所说，公司并未对这一封号行为给出任何解释，但他相信该决定是公司对他组织反优步活动的报复行为（而不是对他不良的驾驶习惯所做出的反应）。因此他开始收集证据，准备向美国国家劳工关系委员会（National Labor Relations Board）投诉优步公司将他与其他驾驶员视为其正式员工对待，而非合同工。而

第三章
问题频发

亚伯的指控将会成为优步在 2015 至 2016 年受到的超过 15 项的同类指控之一。

当我和亚伯在 2016 年 7 月再次碰面时，他仍热衷于起诉优步。在堪萨斯市的一家名为"帕内拉面包"（Panera Bread）的休闲快餐连锁店里，他拿出了一个干净的塑料文件夹，里面装着优步发给司机的行为准则。他说："这种东西你应该发给正式员工，而不是我们这种合同工。"然后，他又拿出了另一摞文件，都是优步公司对他的工作所做的一周小结。每份周工作小结都会以一个显示了亚伯本周优步驾驶时间的图表结尾，并配以文字说明。比如，"上周你在总计 16 小时的繁忙时段共驾驶了 6 小时，如果做满剩余的 10 小时，你的驾驶收入将会增加 260 美元"。

亚伯认为："虽然优步没有明着催你去工作，但工作小结却暗示你应该在繁忙时段多出车。"

亚伯随后拿出了更多份文件，它们堆满了我俩之间的那张小桌，这些都是其他司机寄给他的证据。第一份证据显示，优步曾让一位司机停止向乘客发送短信。第二份证据是一位司机因收取现金而不是通过 App 收费而受到公司的斥责信。第三份是优步给那些屡次接单后又取消行程的司机发送的一份"高退单率警告"，意思是如果他们再这样高频率退单，就面临着被优步封掉司机账号的风险。第四份证据是优步发给那些在优步平台接单率较低的司机们的警告信信中指出，如果他们再不快点接单，也会被优步取消账号。

零工经济
传统职业的终结和工作的未来

对一些企业家们而言,这些零工经济公司所采取的种种管理零时工的举措是在采用创新手段来弥补一套有缺陷的制度。但对另外许多企业家而言,这些举措都是些陈旧的套路,只是为了避税与削减员工们本应享有的各种福利而已。

在许多劳工律师的眼中,通过手机 App 来管理合同工这种做法,看上去和将正式员工刻意误归类为合同工的手段相差无几。在 2015 年 1 月,一家专为客户提供跑腿代购服务的零工经济公司"速购"(Instacart)遭到了旗下"独立采购员"们的起诉,员工们指控该公司的雇佣方式是"不道德的、压迫性的,以及不诚实的"(不久后,公司与这些零时工达成了庭外和解)。在 2015 年 3 月,就在零工经济外送服务公司"邮伴"宣布与星巴克达成外送合作的第二天,其员工就在加利福尼亚州以类似的指控向公司提起了集体诉讼(在本书写作过程中,案件仍在进行中)。还有一家经营餐饮外卖服务的公司"尝鲜"(Try Caviar)以及一家提供保洁服务的公司"家乐"(Homejoy),它们的员工都对公司以类似的指控进行了起诉("尝鲜"外卖公司案件已达成和解)。在 2016 年 7 月,零工经济公司中的典范优步正遭遇到 70 多项联邦法庭的诉讼,其中多件均涉嫌"将员工刻意误归类"。

很快,几乎每家依靠合同工运营的零工经济公司都遭遇到了类似的劳资纠纷起诉。

零工经济的出现是由于服务行业的刚需,并作为解决当前各种经济困境的方案而被推广,但发展到 2014 至 2015 年时,零工经济开始变得不再是一项创新,反而成为一个老问题的

第三章
问题频发

新延续,即公司应如何规范其劳动力结构。因此,零工经济已算不上是一个解决方案,而是一个需要解决方案的新问题。

诸如临时工、合同工等劳动力分类使公司与为其提供劳动的雇员之间产生了分歧,而零工经济 App 的应用更是扩大了这些分歧。由于无须面对面地进行人事管理,一家公司与其员工之间的人际关系也就不复存在了。

亚马逊旗下的劳务众包平台"土耳其机器人"网站就是雇主与雇员间的人际互动已消失的最佳例证。"土耳其机器人"原本是指 18 世纪被"发明"出的一个可以和人类下棋的自动装置,但与这个"智能机器人"对战的棋手们并不知道,其实这个机器内部坐着一位真正的人类象棋大师,"机器人"所下的每一步实际上都是这位人类象棋大师在应对。所谓的"自动下棋机器人"只不过是一种噱头和夸大。虽然现在的这个"土耳其机器人"网站(以下简称"土网")并不是用来下棋的,但它也起到了一种夸大作用,将以人工智能为代表的高科技更加神话。

当一些高科技公司无法用计算机编码来完成某项"魔法科技"时,它们有时就会自动将这些任务发布到在土网上,通过人力的帮助来解决,比如说第三章提到的图片识别任务。尽管像克里斯蒂这样的"土客"并不知道自己究竟在为哪家公司工作,但他们相当确定的是,一个名为"谢尔盖·施密特"(Sergey Schmidt)的土网账号属于谷歌的视频服务子公司 YouTube。这是因为谢尔盖·施密特是谷歌联合创始人之一谢尔盖·布林（Sergey Brin）的名字与前任 CEO 埃里克·施密特（Eric Schmidt）的姓氏的组合，而且该账号发布的任务全部都是针对 YouTube 的。土客们还非常确定的是，另一个名为"杰克·斯通"（JackStone）属于推特（Twitter），因为这是推特三位创始人中的两位杰克·多尔西（Jack Dorsey）与比兹·斯通（Biz Stone）名字和姓氏的组合。一项接一项任务，土客们帮助上述高科技公司"自动"识别图片、给出评论，并实现了其他许多计算机尚无法有效独立完成的种种杰出成就。一位企业家曾向我宣传过一种手机 App，它能提供一张图片上所显示的任何食物的营养信息。这位企业家骄傲地说，这款 App 能够准确识别食物图片上的苹果、李子或是一盘意面，还能在一个数据库中查询出食物的卡路里含量。但他对其背后的高科技讳莫如深。但不出所料，我在土网上发现了一个任务，内容就是要求土客识别一张图片上的各种食物。这就是该 App 的核心，即人力。当然，这个秘密绝不能公之于众，否则这款 App 的魔力就荡然无存了。不过，亚马逊的这个众包网站将这种"科技魔力"的概念营造得极为成功，以至于土客的雇主们都彻底忘记了自身技术中人力的作用。正如一队研究者们所指出的，土网设计的初衷就是"让雇主们将自己视为创新科技的开发者，而非对劳工的工作状态毫不在意的企业主"。

　　克里斯蒂就多次碰到了那种让她精神上深受打击的工作，如果在常规工作场所，雇主在交付这种任务时一定会让她事先做好心理准备或是征求她的同意。比如说，一次她接下一

第三章
问题频发

单图片识别任务后,发现其中一份幻灯片中都是截自某极端恐怖组织所发布视频的静态图片,包括人们跪在一根点燃的炸弹引线旁边等死的一张照片,另一张照片上则是一个装满了人头的柳条筐特写。但这份任务在发布时却没有给出任何提醒,其任务要求与其他图片标识任务别无二致。另一份幻灯片上则都是动物遭受虐待的图片,这些图片极为清晰具体,以至于克里斯蒂在好几年后带宠物狗去兽医那里看病时,都会触景生情地大哭一场。

如果一项图片识别任务的内容过于"非常规",雇主们经常会只给此类任务添加一条"仅限成年人完成"的要求。如果任务中包含了雇主本身无法控制的"用户原创内容"(user-generated content),他们就会给在发布时加上这种标签。此类任务一般报酬不错,但可能含有引发接单者心理不适的内容好在出现频率并不高,所以克里斯蒂还是愿意接单的。

当然这代表她接受了一个事实:心理创伤也是这份工作的一部分。

不幸的是,生理损伤也是。克里斯蒂一直没太在意自己手腕上长出的一个很小的硬肿块,但这个肿块在日渐变大,最终长到了玻璃弹珠大小,甚至干扰了她正常使用鼠标。她只好去了医院,医生告诉她这个肿块是腱鞘囊肿,建议手术切除。但对克里斯蒂而言,手术意味着她术后要服用处方药,而这部分费用需要自付,并不被加拿大的公共医疗保险所覆盖。不过,这种"圣经肿块"(腱鞘囊肿的民间说法)的另一种传统治疗方案是,用一本很厚重的书,如《圣经》,猛击患处，运气好的话，肿块就可能消失。于是，克里斯蒂在某一天觉得无法再忍受这个囊肿时就选择了这个免费的"重击法"。

结果这个肿块还真的消失了，但很快新痛又生。这次，疼痛从她的手腕一直延伸到手肘。一位神经科医生对她说，她患上了腕管综合征和重复性肌肉劳损，最理想的治疗方案是多休息。但加入共享经济模式的劳工自然享受不到任何工伤补偿，病休期间也拿不到工资。据统计，在全美以土网零工收入作为全部收入来源的人群中，有40%没有购买任何健康保险。克里斯蒂最终带上了护腕和护肘，然后继续在键盘上敲击。

当克里斯蒂一家急需用钱时，土网是他们唯一的选择。全凭来自土网的收入，她丈夫才能重返高中学习并拿到文凭。也正是因为土网，她本人才能在没有大学文凭或丰富的在外工作履历的情况下，还可以在家工作并获得一份收入。

不过，当她丈夫最终在一家印刷公司找到一份铲车司机的工作后，她表示说自己再也不愿意继续依靠土网讨生活了。

不久之后，克里斯蒂就开始申请大学。

每天晚上，当阿肯色州杜马市的特伦斯结束了他所执教的零工经济培训课之后，他会回家给祖母做晚饭。饭后，他会一边散步，一边思考杜马市的振兴之道。

自从他为萨玛资源（Samasource）这家慈善机构工作，给杜马市有志于成为零时工的人们上第一节就业指导课开始，

第三章
问题频发

他就意识到，想要让当地民众脱贫致富，单靠零工经济是不行的。

整套零工经济就业指导课程包含了以下内容：求职者如何建立个人在线作品集（portfolio），如何分辨自由职业供求平台"上工"网站上的工作机会的真假，以及该平台本身的使用方法。最初，特伦斯认为只要能教会杜马市居民有关"上工"网址的具体使用细节，他们就能和其他地区的求职者们公平竞争。但他慢慢体会到自己这个最初的想法太单纯了，因为当地求职者的起点之低，简直令人难以置信。

在杜马市，有15%的成年人都未能完成高中学业。当特伦斯指导他的一些学生撰写在线简历时，却发现他们根本不具备基础的写作技能。当他教导他们解读网上招聘信息时，却发现他们甚至连有些句子都读不懂。一些杜马市居民对电脑使用也一窍不通，他们不知道如何在浏览器的页面上输入网址，也不会发送电子邮件。

据"萨玛资源"递交给杜马市项目主要赞助者的一份总结报告所揭示，在参加了特伦斯培训课程的杜马学员中，60%根本没有电脑，44%从未有过上网经历，甚至没尝试过用手机上网。

此外，人们通常还会忽略的一个事实是，对于贫困地区受教育程度不高的民众而言，那些在富裕地区人人具备的一些基本技能与其他任何技能一样，仍需要他们勤学苦练才能掌握。特伦斯所教的大部分学生都不了解基本的学习方法，并且自从离开高中后就再也没碰过学术方面的书本。特伦斯知

零工经济
传统职业的终结和工作的未来

道，找工作对大多数人而言都是件难事，但对这些一直为贫苦所困的人们来说则更是难上加难。在"上工"网站上求职的初期，他们不出意料地在递交简历后遭到招聘方一而再、再而三的拒绝。这样的挫折让他们的求职之路更加步履维艰。

特伦斯很快发现，"上工"网站上的工作要么是那种不需要求职者具有任何资历的低端工作，并往往会被那些居住在经济不发达国家、愿意接受每小时3～5美元酬劳的劳工们所争抢；要么是要求极为专业且酬劳丰厚的高端工作，但求职者必须具备本科甚至硕士学历。这种工作要求和报酬的两极分化还表现在：一方面，"上工"网站设置的最低工资标准是每小时3美元；另一方面，某些求职者却能通过该平台提供的工作机会获得约1000美元的周薪。

特伦斯知道，越来越多的工作机会正在流入零工经济领域。他也知道，零工经济能提供弹性工作时间，以及为那些原本入不敷出的人们提供一份补充收入。但硅谷所宣传的那些理念——如零工经济模式会为每个求职者提供公平的机会，以及加入零工经济就好像拧开水龙头，人人都能获得源源不断的工作机会——这些美好的说法并不适用于杜马市的居民。相反，零工经济对杜马市民起到了反作用：在依托于互联网的零工经济模式下，每一份工作机会都吸引了全球范围内的激烈竞争。在互联网的"帮助"下，杜马市的居民甚至连原本属于他们的本地工作也保不住。

在这方面，杜马市并不是唯一的"受灾区"。纽约大学斯特恩商学院（Stern School of Business）教授阿鲁·萨丹拉彻

第三章
问题频发

（Arun Sundararajan）进行了一项初步研究，他将那些通过"任务兔"零工网站找到工作的旧金山湾区劳动者的时薪，与美国劳工统计局所提供的当地平均工资收入进行比较后发现，如果一位湾区劳动者从事的是体力工作，如电工或木工，那些在线上找到一份零时工作的劳动者会比他们在线下的同行收入更高。萨丹拉彻教授对该现象做出的解释是：在零工经济网站贴出的一份体力活儿很容易就能吸引许多本地劳动者前来竞争，因此更多人都愿意用这种方式来寻求服务，而对本地体力劳动者需求的增加就推动了其报酬的整体上涨。与之形成鲜明对比的是平面设计或写作这类无须在湾区本地完成的数字化任务。在湾区，从事这类工作的线上零时工们所获得的工资，要低于在线下找到同类工作的同行。这是因为，尽管旧金山湾区是全美生活成本最高的地区之一，但在线上找工作时，湾区居民要面对的是全世界同行的竞争，报酬自然高不起来。

克里斯蒂在土网找零工的时候碰到了同样的问题。"我在土网的求职竞争中排名垫底。"她感叹说。"如果其他竞争对手在受教育程度和工作经验方面都与我旗鼓相当，但他们居住在低收入国家，他们的报价就会比我低得多。"

在为一家杂志撰写报道时，我也亲身体验了一把在零工经济平台上找工作的滋味。在体验过程中，我对克里斯蒂所说的问题感同身受。

在2013年10月1日至16日，奥巴马政府因国会参众两院无法就政府预算拨款议案达成一致，致使政府无钱可花的情况下，宣布联邦政府非核心部门关闭。在此期间，雅虎网站发布了一篇以"休假中？试试在五元网打点零工"为标题的新闻报道。"五元网"（Fiverr）这个零工外包平台之所以得名，是因为它在 2009 年创立之初，要求所有接单者只能统一收取 5 美元的服务费（不过现在服务提供者已经可以自行定价了）。该网站的创始人解释说，你可以利用"五元网"在业余时间做点自己喜欢做的事情来赚点零花钱。对我来说，这个主意听上去相当不错。而该网站赞助的一项民意调查显示，其 75% 的用户和我的想法一致。不过，当我意识到当我选择在"五元网"为他人提供价值 5 美元的文本校对服务时，竟然有 4786 位同行和我竞争。而当潜在客户用该网站搜索校对者时，我的名字并未出现在搜索结果的前几页。这意味着，除了寥寥几位愿意把搜索结果从头翻到尾的潜在雇主，我对大多数客户而言都是隐形的。

后来，我终于在另一家零工网站"任务兔"上找到了活儿干。在那时，当有人在"任务兔"上发布一份零工需求后，一般会出现几位居住在附近的零时工分别给出自己的报价，而任务发布者只要根据自己的需求挑选其中一位就好。为了在竞争中胜出，我可谓使尽浑身解数，用上了自己的十八般武艺——当然，这些优势都是特伦斯的学生们所没有的。在向那些我认为的潜在雇主们发送大量求职信息时，首先，我抬出了我的母校西北大学（Northwestern University）来抬高自己的身价。接下来，我强调了自己曾有过帮助高中生修改大学入学申请的工作经验。此外，我还开玩笑地提及，长达六年

第三章
问题频发

的游泳教练经历培养出了我超乎常人的耐心。当然，我与特伦斯的学生还有一项明显不同，我是个白人。斯坦福大学的研究者们在一项研究中发现，在网上销售一件商品时（如一款苹果iPod音乐播放器），如果该商品由一位黑人模特手持展示，这则宣传帖所收到的回复和下单量，会比它被一位白人模特展示所收到的回复和下单量分别减少13%和17%。显而易见的是，特伦斯的学生大多数都是黑人，而大多数在线工作平台都会向雇主展示求职者的照片。

在像"上工"这样的平台上找一份零工工作与普通的求职过程并无太大不同，求职者也需要付出巨大的努力，同时也会遭遇并面对各种歧视和资源上的不平等。

对特伦斯的学生们而言，求职过程中的屡战屡败令他们灰心丧气。当你不愁钱而且相当确定自己还有其他选择时，花费数小时找零工而一无所得也就罢了；但当你处于无法负担求职无果的窘境时，白忙一通却还是找不到工作、拿不到报酬，就会成为一种相当令人绝望的体验。

28岁的夏奇拉·格林（Shakira Green）是一位获得了认证的护理助理，她参加萨玛学堂的课程是希望自己能找到一份白天的工作。因为一周当中总有几个白天，当女儿在学校上学而夏奇拉不是刚下夜班的话，她还有精力再打一份工。"在萨玛学堂的课程结束后，我每天都去上工网站寻找工作机会，找了又找。但当我怎么找都找不到之后，老实说，我真的有点想放弃了。"她告诉我说。"我特别难受，总是编写简历、提交求职信息却得不到回应，感觉太累了。"

即便是特伦斯亲自出马帮他的学生们润色简历和在线作品集，他的学生们还是很少能得到面试机会。

一个学生拿到了一份时薪 7 美元的客服工作。还有几个分别尝试了时薪 3 美元或 5 美元的零工。某个学生虽然找到了一份报酬为 50 美元的任务，但完成该任务耗费了这个学生不知道多少个小时，以至于计算这份任务的时薪已变得毫无意义。

在特伦斯的首轮培训课程结束后，学生们的反馈是一致的："上工"这个平台是不错，但我们花了大量时间在上面，最后也没赚到钱。所以，工作机会到底在哪里？

甚至是已成功找到一份零时工作的学生，比如说电话客服加里，仍会感觉自己的收入并不稳定，生活也缺乏保障。一部分问题在于，零工经济所大肆吹嘘的"弹性工时"似乎经常会让公司而非员工更为受益。比如，加里接到的那份聘书中明文规定，他"每周必须要保证至少 30 小时的工作时长"。但结果是，这项规定只是单方面约束加里的。当工作量足够大时，加里有义务每周至少工作 30 小时；而当工作量不足时，他可能只能获得 10 小时或 20 小时的任务。而他并不知道自己在哪些时段有空，因此也就无法从事其他零时工作。

当加里在 7 月份刚开始从事这份远程电话客服的工作时，工时还不是一个会困扰他的问题。因为那时天气炎热，客服中心接到的空调报修电话不断。那时，当他某一周无法做满或不想做满 30 小时的时候，他必须事先通知老板，这样才不会影响到他作为一名"独立承包人"的评分。

但自夏入秋以来，加里开始意识到自己遇到麻烦了。这是

第三章
问题频发

因为距离冬天的到来,也就是人们会高频率维修取暖器的时间还有好几个月。他担心自己在下周,也就是全美大多数地区都气候宜人的金秋,可能不会被公司派到太多的工时,收入会大幅缩水。

加里和在线客服中心的其他合同制客服人员一样,在挑选工作时段的时候要遵照一定的先后次序,但这个次序是不固定的。谁收到的评分越高,谁就能最先挑选。可供挑选的工作时段通常是每两周放出一次,但随着时间的流逝,可挑选的时段变得日渐稀少。每周能拿到 15 小时工时的加里已经是非常幸运了。如果其他同事因为要去看病或发生了某件意外事故而无法出勤,他有时还能再抢到几小时。"你必须奋力拼抢,"他感叹道,"要不时查看排班表,大约每小时一次吧。从临时有事的同事这边拿半小时的活儿,那边再领走半小时。就这么额外多凑出几小时的活儿。"

之前我曾经提及,在加里接受零工经济培训无暇打工赚钱的那一个月,他是无力偿还任何账单的。现在的情况是也没好到哪里去,如果他在客服呼叫中心只能断断续续地拿到工时,那么在没有工作的日子里,他就没有任何积蓄可以度日。

但无论如何,加里知道有些同行的处境还不如他。他一直和其他几位当初与他一起上过呼叫中心培训课的同事保持联系。有些人告诉他,他们的时薪只有三四美元,这意味着他们上面的经理——大多情况下也是业务承包商——把本应发给手下合同工的薪水扣下了很大一部分,放进了自己的腰包。虽然即便是正式的雇佣关系也未必一定会防止工资盗骗,但在零工经济模式下，雇主只给合同工三四美元的时薪是合法的（只要雇主真正把他们视为独立劳动者对待，不去干涉他们的工作时间和工作方式）。所以，尽管加里居住的阿肯色州在 2016 年规定当地的最低时薪是每小时 8 美元，但合同工的工资权益并不受该法规的保护。"先不看工作时长，"加里评论说，"单看时薪 3 美元就知道，这样的收入是没办法过日子的。"

特伦斯也认同这个说法。针对第一批学员，萨玛学堂的教学目的是提高他们的求职技巧，但如果学员们本身不具备基本的工作技能，他们仍是找不到工作的。因此，在招收第二批学员时，特伦斯向萨玛资源提议，萨玛学堂不仅要指导学生学会使用"上工"零工经济平台与进行自我推销，还要传授给他们一些实实在在的工作技能。萨玛资源同意了他的建议，于是在为期 10 周的第二轮培训课程中，特伦斯为签约学员们开设了"远程助理"（virtual assistance）、客服服务、社交媒体营销等课程。不过，在注册的 21 名学员中，依然仅有两人找到了一份"在线零工"，即可以在家使用电脑完成的计时工作。

因此，在招收第三批学员时，萨玛资源认为特伦斯最好将萨玛学堂的课程内容收窄，专注于让学员们掌握某一种极有价值的技能。该机构在做了一番内部分析后决定，社交媒体领域似乎是个潜力股。这是因为许多小型公司承认，它们并不知道如何利用社交媒体进行自我推广，也没有针对这方面的专门策略。这些公司正在寻找一些英语为母语的兼职员工

第三章
问题频发

帮它们做这方面的工作。这些社交媒体的推广任务可以远程完成，报酬也相当不错。

问题在于这份工作需要员工具有层出不穷的创意思维，以及纯熟老练的写作技能，而这些素质都是他的学员所不具备的。"他们大都一直从事体力工作，"特伦斯无奈地说，"只要按雇主的吩咐做事就好。"可想而知，在第三轮为期 10 周的培训课程中，他要带领学员们克服更多的挑战。他之所以要迎难而上，是因为特伦斯深知，他的许多学员所习惯的工厂和零售工作将慢慢消失。在每天长达 10 公里的散步活动中，特伦斯有时会思考，随着人工智能和机器人技术的发展，机器将不断取代人类坐上传统的工作岗位，尤其是体力劳动和简单的重复工作，那时候会发生什么？杜马市以及杜马市的穷苦居民又将何去何从？就因为这个原因，他也不能放弃带领这些人进入零工经济领域的努力。

萨玛学堂再次调整了课程设置。这一次它不再让学员们以在"上工"平台上找工作为目标，而是联系了几家小公司让学员们进去实习。学堂希望在培训结束后，学员的表现能让这些公司满意，并为他们提供一份零工。

显而易见，这种安排更能鼓舞人心。学员们在实习期间还能获得 300 美元的工作报酬（大部分都由萨玛学堂支付），而且他们觉得整个实习培训过程就好像一场求职面试。在实习期间，萨玛学堂着力培养学员的社交媒体从业技巧，并希望他们实习的各家小公司能最终让学员们施展培训所得。但在经历了两轮培训课程并获得 13 名结业生后，却只有一位被所实习的公司聘为兼职员工。从此，培训课的出席率和报名率就开始持续走低。

在 2015 年年末的一天，我特地去看望特伦斯，并在晚上 6 点 10 分来到了他的课堂。课程本应在 6 点开始，但这间大大的互动教室里却空无一人，而特伦斯正在教室外倚栏而立。

"我不理解现在所发生的一切。"他向我倾诉道。他刚刚挂断了打给一位学员的电话，该学员告诉他自己头痛所以不能来上课了。而另一个学员的请假理由是，她正在看儿子的足球比赛。"这种情况以前从没发生过。"他追加了一句，同时懊恼的眼泪夺眶而出。

但特伦斯很快就振作起来，他知道自己的工作不是一时一日之功，当前要做的就是联系那些缺席的学员。于是，他根据学生的年龄，用打电话或发短信的方式与学生进行沟通。他首先打给了一位社区大学的学生，询问她是否认为培训班的课程难度太高，他们在一天内被灌输的信息是不是过多？这位女学员认为是这样的。他将他们的对话进行了录音，并准备在下一次与萨玛资源的人员开会时放给他们听。在联络了好几位学生之后，一位在烟草超市工作的学生终于赶到了教室。她原本在家休息，而特伦斯的来电把她吵醒了。特伦斯问了她同样的问题，不过她的答案是，作为五个孩子的妈妈，她当然能应付培训班的课程设置。

在我离开杜马市之前，我在市中心的一家商店买了点小吃。我在店里的用餐区坐下，一边嚼着酸黄瓜和薯片，一边观察着店里的客人。我发现白人顾客通常都从商店的前门进

第三章
问题频发

出,而黑人都习惯走后门。虽然每隔一会儿就会有人打破这个模式,而且也没有任何明文规定人们必须遵循它,但大多数人似乎都默认该行为习惯的存在。

这时,一位穿紫色格子衬衫的黑人从后门走了进来,到药品柜台取了他的处方药。然后他来到用餐区并问我:"这个位子有人吗?"我告诉他并没有,他就坐了下来。

他问我是否来自"北部地区",我回答说是的。我问他是否居住在杜马市,他回答说之前的确如此,但当他的房东提高租金,并把他所有的东西都堆到客厅要求他打包走人之后,他就无家可归了。

他还说,今天应该会下雨。然后我问他,下雨对这里而言是否是件好事,比如这里的土地是否需要雨水。他的回答十分睿智,等于变相地总结了零工经济与当前总体经济中所存在的一个基本问题。"有些人得到了足够多,"他指的是雨水,"有些人得到了太多,还有些人一无所有,这世道就这样。"

第九节 优质工作战略

在决定放弃公寓维修业务后,"Q 管理"保洁公司只用了 6 周就落实了它的办公室保洁与维修服务,并于 2014 年 4 月正式开始营业。不久之后,公司的三位管理者撒曼、艾玛和丹开始怀疑,这种"雇佣分包公司来负责保洁工作"的经营模式是否能如他们所预期的那样运行良好。

在打造"Q 管理"专属的手机 App 时,雇佣独立承包人来完成该任务被证明是个绝佳的策略。撒曼与居住在阿根廷的一队自由职业者们密切合作，设计出了 Q 管理的第一个可用于苹果 iPad 的应用程序。这些自由程序员很容易合作，设计出的 App 也运行良好。不过在具体的保洁任务方面，确保每位保洁员每天的工作质量成了一件麻烦事，远不如设计 App 那么顺利。

"Q 管理"曾向客户们承诺，会为他们提供细致且个性化的保洁服务。它所提供的一个"触点服务"被称为"整齐排列"，包括将一张办公桌上的物品都摆放得横平竖直，像一个井井有条的工具台。再比如，每位办公室经理每天都会看到同一位保洁员，"Q 管理"不会随便换人，以使保洁员们熟悉自己客户的个性化需求。这些需求包括，客户可以通过安装在办公室墙上的 iPad 来指定自己所喜欢的桌椅摆放方式。

自从"Q 管理"开始负责清扫营业以来的第一批办公室时，就发现客户们的确会要求将桌椅摆放成他们喜欢的方式。他们还希望保洁员能将公司会客室长沙发上的靠垫按照某种特定方式进行摆放，以及使用某种特殊的洗涤液来清理咖啡机。然而，当"Q 管理"将这些客户要求反馈给保洁公司的管理人员后，这些反馈却经常并未体现在保洁员们的行动上，他们仍是按照自己的习惯进行打扫。

最初，"Q 管理"是通过专门的保洁公司找到办公室保洁员的，并没有直接雇佣他们。对于保洁行业的老手来说，客户提出的有些要求显得十分吹毛求疵。在一套面积 900 多平方米大型办公室里，沙发靠垫的摆放方式有那么重要吗？

第三章
问题频发

因此,在"Q管理"办公室完成一整天的工作后,艾玛将自己的大多数夜晚都贡献给了客户们的办公室,以确保保洁员们将客户们通过iPad反映上来的要求已全部做到位(这些客户要求同时会以电子邮件的形式转发给保洁公司的主管们)。让艾玛每晚忙得团团转的事情当然不只是检查各种细节的执行情况,有时,该来的保洁员没来,她就必须致电一些靠谱的保洁员来替班。有时,保洁员没带拖把,她只得匆匆在深夜赶到家得宝(Home Depot)家居连锁店买上一根。

如果"Q管理"想要生存下去,一切细节都极其重要,其服务必须完美无缺。撒曼、丹和艾玛知道,大多数保洁公司都存在一个严重的、业界称为"客户流失量"的问题。老客户经常会"不辞而别",而公司需要花费大笔预算才能招来新客户。那些以零工经济模式运营的保洁公司也没能幸免。以"家乐保洁"(Homejoy)为例,据说该公司在"客户获取"方面花钱如流水,但在"客户维系"方面仍在苦苦挣扎。"家乐保洁"为吸引客户四处打广告,以超低价提供保洁服务,甚至推出过新客户只需19.99美元就能尝试全屋保洁的优惠。然而,昂贵的新客投资并未获得理想的回报。那时,新闻记者克里斯蒂娜·法尔(Christina Farr)曾为新闻网站"反向通道"(Backchannel)撰写过一篇报道,该报道引述了一个第三方对"家乐保洁"的财务状况所进行的分析。该分析显示,只有四分之一的家乐保洁客户在一个月后仍续订了保洁服务,而只有不到10%的客户在签约6个月后仍选择与公司续约。

零工经济

传统职业的终结和工作的未来

"Q 管理"曾向投资商们高调承诺过，它会在客户黏性方面做得更好。"不会出现客户流失！绝对不会！"——这已成为该公司非正式的口号。唯一能留住客户的方式就是让他们满意，但做到这一点却比几位创始人所预期的更难。在运营约一个月后，"Q 管理"就失去了自己最大的客户。雪上加霜的是，艾玛也在几乎同一时间离开了公司。丹只得临危受命，接管了公司的保洁业务。

公司认为，激励"操作员"（这是"Q 管理"对一线保洁员的称呼）提高服务品质是公司当前的头等大事。而第一步就是了解他们。于是，两位创始人找了一个周六，邀请全体保洁员来公司办公室吃比萨。撒曼和丹向他们介绍了公司 App 的新功能，比如其中一个功能就是，系统会提供具体的照片来展示客户要求的沙发靠垫摆放方式。两人还借此机会记住了那些表现优秀的保洁员。到了第二次和第三次"聚餐"时，来参加的保洁员已经从第一次十来位增加到了六七十位。丹和撒曼还在聚餐时通过抽奖送给保洁员们不少礼物，其中就包括一部 iPad。

虽然对两位创始人而言，与保洁员们相熟是件好事，但这并不能解决公司目前的服务品质问题。一方面，"Q 管理"与这些保洁员越亲近，这些保洁员所属的保洁公司越感到不舒服，它们认为"Q 管理"越界了。毕竟，这些"操作员"并不是这家初创公司的员工。另一方面，这几次聚会也并未产生立竿见影的效果，保洁员们的服务并没有立刻出现明显改善，各种"灾难与险情"仍旧频频发生，令公司焦头烂额。

第三章
问题频发

在艾玛离职的情况下，丹发现自己在花费大量时间四处"抢险救灾"。一次，一位客户怀疑"Q管理"的一名操作员偷喝了公司的烈性酒，丹就会立刻骑上一辆摩托车，风驰电掣地给人家送上一瓶威士忌作为补偿。另一次，另一家初创公司抱怨说，"Q管理"用来打扫卫生的清洁用品在自家办公室里堆得乱七八糟，丹就会在周末上门给该公司搭好一些储物架，以便把这些用品摆放整齐。另外，总会有一些保洁员不能如约上岗，丹和公司的第一批元老级员工们在"Q管理"的办公室忙碌完一整天之后，晚上还要来到客户的办公室打扫卫生。

优步的零工经济模式虽然在出租车领域运行良好，但在其他行业普遍存在服务质量问题，很难给客户带来完美的体验。截至2016年年末，"商业改善局"在纽约的分部已经收到了350多条针对零工式保洁服务公司"手边家政"的投诉，其中有186条是与服务质量相关的。这其实并不是因为"手边家政"的全体保洁员都做得很糟糕，而是因为客户们并不清楚自己该期待何种品质的服务。这家初创公司在美国著名商户点评网站Yelp上所获得的评价明显呈两极分化，获得了2000多个五星级评分和近1000个一星级评分。有些Yelp用户盛赞它所提供的保洁服务，而另一些则会在评价中抱怨保洁员的偷窃行为、保洁水平的忽高忽低，以及每次上门的保洁员都不固定、一次换一个让客户所产生的不适感。

与"手边家政"和"Q管理"一样，许多"优步模式"的零工经济公司所从事的服务比优步那种将客户从一处送到另一处的载客服务更为复杂。比如说,家政服务人员需要进到别人的家中去做清洁;外卖员要从餐馆取餐,但餐馆备餐的时间很难控制;跑腿人员更是需要完成五花八门的差事。所以这些行业要提供"完美服务"的难度更大、门槛更高。

几次聚会下来,"Q管理"对其"操作员"们所面临的保洁问题有了更深一步的了解,并准备为他们提供一些相关指导。但无论是聚会还是指导,似乎都未能实质性地改善操作员们的工作待遇。两位创始人已经开始怀疑,这些一线保洁员的工资可能不会很高。"Q管理"终于向转包商们(即与之签约的各家保洁公司)询问它们所支付给保洁员的薪酬,结果发现有些公司仅仅给自己的保洁员开出了最低工资——这与艾玛当时致电十几家保洁公司,邀请它们成为合作伙伴时所了解的情况是一致的。而大多数保洁公司都对员工薪酬问题遮遮掩掩,对具体数字或是支支吾吾,或是拒绝提供,又或是说一些诸如"哦,你想知道的是明面上的数字还是……?"很明显,仅就纽约市的办公室保洁工作而言,除了因加入工会因而受到八小时工作制和最低工资政策的保护,并在摩天大楼这种舒适环境中工作的保洁员岗位,其他的保洁零工都算不上是一份好工作。

操作员的低薪问题让丹和撒曼感到十分困扰。从商业原因上看,无法控制保洁员的报酬,就等于失去了激励和培训员工的最佳方式。从个人原因看,两位创始人创立公司的初衷并不是为了向社会提供这种体验不佳且薪水极低的工作岗位。

一家高科技公司的创始人极有可能要面对巨大的工作压

第三章
问题频发

力、疯狂的工作时间以及破碎的创业梦想,而成功者往往寥寥无几。因此,许多创业者明知创业艰难也执意迎难而上,往往是受到某种更高目标的驱动,而撒曼和丹皆是如此。

在创立"Q管理"之前,撒曼是一名广告从业人员,他所负责的数个广告推广活动都颇为引人注目,其中最著名的就是帮助连锁快餐品牌汉堡王(Burger King)进行推广。推广方案是,撒曼所在的广告公司在社交网站脸书上投放了一个名为"汉堡牺牲品"(Whopper Sacrifice)的插件,安装该插件的用户如果删除了脸书上的10位好友,就能领取一份汉堡王的汉堡。这个营销创意的亮点有两处:一是暗讽了当前人们在社交网站上盲目加好友的趋势,有些"好友"删除也无妨;二是这种删除只是形式上的,被删除者会接到一则脸书通知:你已成为"汉堡牺牲品",不服气的话,快点安装这个插件报复回去。这两个亮点都推动了该广告插件的病毒式传播,可以说是一个经典的社交网络式营销案例。然而,在2009年美国陷入经济衰退期间,撒曼却突然感到,自己在广告业所做的一切,无论是吸引人们买车还是买汉堡,似乎都没有太大的意义。最能说明问题的一件事情是,当他试图用老家的官方语波斯语向自己的祖母解释他所做的广告项目时,为了翻译通顺,他只保留了最基本的广告元素和语言,而这种去掉"包装"的广告听上去竟然十分愚蠢。

撒曼希望能为社会做点实事,这种想法并非完全出于利他、无私的考量,而是至少有一部分是出于自尊心。毕竟,他过去所做的广告都过于短暂缥缈,他希望能干点影响力更持久的事业。

由于职业想法的改变，当撒曼的妻子获得了一份在日本的工作时，他就顺势辞去了广告公司的职位和她一同赴日。在东京的公寓里，他萌生了创建一个网络劳动力市场的想法，并在2010年付诸实施。该劳动力市场的设想是，在"律师、画家、临时保姆、烘焙师、摄影师、家教、打字员、广告文字撰稿人、水管工、派对策划师、程序员、艺术家和演员"与服务需求方之间建立联系，以"解决全球的失业问题"。"尽管就传统意义而言，当前的就业机会确实大不如前，而且很可能会持续下去。但对于那些积极进取并身具特殊技能的个人而言，想要从事一份可持续的、蒸蒸日上的自由职业仍大有可为。"撒曼当时对一家科技类博客如是说。撒曼推出的这个"劳动力市场"其实就是零工经济性质的，只不过在2010年还没出现"零工经济"这个专有名词。和许多零工经济的实践一样，撒曼的经营理念也是出于一种善意，而且还带着一丝天真。他将该"劳动力市场"命名为"Tischen"———个德语词，意思是"桌子"（他在许久之后才意识到，大多数目标客户都不会读这个词）。尽管"Tischen"最终并未成功，但该项目将他引入了创业领域，并让他从此感到如鱼得水。

与撒曼类似，"Q管理"的另外一名联合创始人丹也是出于自尊外加"做一份有意义的事业"的想法，从而走上了创业之路。

一切都开始于丹还是个孩子的时候，那时他就告诉别人，

第三章
问题频发

自己长大了想成为美国总统。到了高中他仍未放弃这一目标，但那时的他并不关心学业，而是将注意力放到了各种学校活动中。例如，由于看到过有关迪士尼公司利用血汗工厂剥削亚洲等发展中国家的劳动力的报道，他便极力反对将迪士尼乐园作为班级旅行的目的地，而是改为参观旨在改善世界人口居住条件的美国非营利机构"仁人家园"（Habitat for Humanity）。

在 2007 年，丹在大学入学前，和女友（一位普林斯顿大学的大四学生）还有弟弟一起驾车前往费城的一个音乐厅，去聆听时任联邦参议员的奥巴马的演讲。当奥巴马领着人群为当地的一位著名国歌演唱家合唱"生日快乐歌"时，丹亲眼见到了一位与众不同的政客并深受触动。奥巴马在演讲中将美国一部分有家庭的人群形容为：他们"犹豫着是否应该给油箱加满汽油，也不知道自己的积蓄够不够维持退休生活，或是否能支付孩子的大学学费"；而在这部分人当中，有 4500 万人都无力购买健康保险。奥巴马还谈到"一个朴素的理念是：我们人人都对彼此负有简单的义务"。丹发现他自己在点头表示赞同。奥巴马继续指出："然而现实是我们并不愿意承担责任，相反，美国人都在试图指责其他人，指责其他党派，指责移民，指责同性恋人群。总能为我们无法做某事找到理由。"

丹深受鼓舞。他不是那种愿意宣扬希望和改变的人，但他希望能为美国做点实事，最大的原因可能是他认为没人能比他做得更好。希望和改变近在眼前，你能感受到并触摸到它们的到来。奥巴马的演讲坚定了他成为一名政客、致力于社会事务的决心。

他的首要目标是在大学毕业后加入军队，成为一名海军军官，以便为日后竞选公职积累资历，并且定好了为参军而进行基础训练的具体规划。但不巧的是，他在一场橄榄球比赛中被对手的假动作骗过，摔了一跤，撕裂了膝盖的前十字韧带、内侧副韧带和半月板。最终，他在毕业后在纽约市找到了一份律师助理的工作。但他并不想在法律界工作——想在该行业出人头地是一个极为漫长的过程，而且涉及海量的文书工作。出于同样的原因，他也把进入政界的目标暂时放到了一旁。不过，丹仍对社会事务极感兴趣。

丹与撒曼都将自己视为那种可以给社会带来正面影响的人物，而"Q管理"当前的经营策略却未必会让他们实现理想。

而面对公司当前所面临的种种问题以及两位创始人的认知失调，解决方案自然是直接雇佣一线的保洁员。而且不仅仅是雇佣他们（很多雇主对待员工非常苛刻），还要为他们提供优质的培训以及更好的薪酬待遇。

但雇佣一线保洁员存在一个资金问题。在运营四个月之后，"Q管理"在2014年8月宣布获得了一轮77.5万美元的融资，这意味着公司在数月之内都可以运营无忧，暂时无须为经费发愁。至少公司有一位早期投资者发现了"Q管理"与优步之间潜在的相似性，并因此认为"Q管理"极具投资吸引力。这投资者正是斯科特·贝尔斯基（Scott Belsky），他同时还是优步的一位早期投资者。贝尔斯基非常欣赏"Q管

第三章
问题频发

理"的经营创意，认为该平台作为一个沟通劳动力供求关系的"掮客"，是一个无须太多前期投资就能无限地发展壮大的初创公司。那时，在接受美国在线商业新闻网站"商业内幕网"（*Business Insider*）的访问时，他特别指出："我喜欢这种能在日常生活的各个方面努力提升客户体验的生意，我把这种生意称为'互动业务'。在我所投资的此类互动服务公司中，优步属于城市交通行业，'世普'（Shyp）属于物流行业，'Q 管理'则属于办公/空间管理行业。"他还预测道："'Q 管理'的互动业务模式"有望"为许多行业带来变革"。

在那时，许多投资商都与贝尔斯基一样，仍迷恋"优步模式"的经营战略。为了维持他们的投资兴趣，"Q 管理"需要证明自己的新战略——雇佣一线保洁员并增加工资支出——是合理的。因此，公司决定在投资者面前将自家所采取的新战略与星巴克的相类比，后者所获得的商业成功可以说毫不逊于优步。星巴克所取得的一项成就，是将"咖啡师"从原本具有一项专业技能的收银员，一举变为一种包括多项福利和上升通道的时髦职业。"Q 管理"的理念是，将这种职业提升策略在"操作员"上如法炮制。

丹有个朋友恰好认识时任星巴克全球战略部副总裁的德薇拉·汉利（Dervala Hanley）。她那时正在启动一项与亚利桑那州立大学（Arizona State University）的合作计划，该计划会为那些有意获得学士学位的星巴克员工支付大学学费。汉利此后在她领英（LinkedIn）账户的简历中添加了这项经历，指出该计划在正式推出时获得了 20 亿次的媒体印象，还被奥巴马总统提到过。

德薇拉向丹推荐了一本著作《优质工作战略》(*The Good Jobs Strategy*)，该书由麻省理工学院商学院一位女教授泽伊内普·汤恩（Zeynep Ton）所撰写。汤恩教授在书中热情有力地论证道，那些为员工提供优质工作岗位的公司会获得更高的净收益。这些公司包括：连锁加油站便利店"快旅"（QuickTrip），联合包裹速递服务公司（UPS），好市多连锁超市（Costco），以及"乔氏超市"（Trader Joe's）。而这种经营战略恰恰是"Q管理"所希望采用的。

> 一家公司当然也能通过向员工提供劣质工作而获得成功。
>
> 劣质工作通常是指那些工资超低，几乎不提供任何福利待遇，排班时间不稳定，而且设置方式使员工很难做出良好的表现，或从工作中发现意义并获得尊重的工作。但不少商家认为，劣质工作岗位是降低成本与价格的必要手段。

但汤恩教授在书中论证说，其实商界还存在着另一种情况：有些公司在获利经营的同时，而且还能为员工提供薪酬体面、福利丰厚，排班稳定的优质工作。

> 这些公司为培养起一支工资高、训练有素、工作积极性高的员工团队，在劳动力方面的成本远高于对手公司，但仍然大获成功。还有一些公

第三章
问题频发

司加大了在员工身上的投入，同时致力于为顾客提供最低的价格——它们最终得以一箭双雕，让公司获利丰厚并迅速成长。

她最后在书中总结道，投资劳动力的关键是经营效率（operational efficiency）。仅仅善待员工还不够，公司还需要赋予员工一定的权力，以提供优质的客户服务，并有助于避免各种代价高昂的乱局的发生。公司需要做到：允许员工们打破那些标准化的公司政策以适应客户的需求；在生意不景气的时候安排员工去做其他工作，而不是偶尔才给他们排班；在店中安排比预计所需数量更多，而不是更少的员工。只要能在员工管理上做到以上三点，即便是那些执行低价策略的商家也能获得成功，美国连锁加油站便利店"快旅"就是其中一个典型。

根据汤恩教授所说的"高投入型员工管理模式"，由于员工训练有素并一直在店铺中四处巡查，他们就能随时为客户提供帮助；又由于店里人手充足，因此他们也都忙得过来。她在书中指出："雇员会更努力、更高效地工作。员工流动率也会因此大幅降低，这样你就会拥有一群经验更多但犯错更少的精兵强将。"而且，与"零工经济"这种假设的劳动力革命不同，她的理论有研究数据的支持。一年后，丹终于邀请到汤恩教授来到"Q管理"办公室并与之相谈甚欢。在两人的会面结束后，丹赞同地表示："她不是个滥好人。"他最终在招聘员工时采用了她的理论。

零工经济
传统职业的终结和工作的未来

尽管丹和撒曼是以保洁服务起家的，但他们的计划是建立一个"功能面板"系统，让办公室经理们只需按下面板上的某个按钮，就能提出小到更换灯泡、大到寻找派对承办人等各种要求，并做到有求必应。如果一家客户公司对"Q管理"的保洁员和修理工的服务感到满意，这就等于打通了它向该客户售卖其他办公室所需用品和服务的快速通道。但如果"Q管理"派出的办公室"操作员"们厌恶或无法全心投入自己所从事的工作，它通过"功能面板"获得额外销售机会的可能性就会大幅减少。众所周知，服务行业获取新客户的成本极为高昂。而如果"Q管理"外派了一位未受审查、未经培训、缺乏工作动力的员工，它就必然会失去自己好不容易签下的客户。

为员工提供优质工作除了有助于拓宽公司业务渠道，还能为"Q管理"省下一笔培训保洁员的费用。零工经济公司经常会遭遇员工流失的困扰。美国知名网络杂志《石板》（*Slate*）当时就刊登了记者艾莉森·格里斯沃尔德（Alison Griswold）所撰写的一篇相关报道。该报道指出，据几位"手边家政"公司的前雇员估计，该公司会每周招募四五百名保洁员，每一位的招募成本约为数百美元（但"手边家政"反驳说其招募成本不到100美元）。但在60~90天之后，这些新人中的20%~40%就会停止从"手边家政"的平台上接单。这等于公司白白浪费了花在他们身上的招募费。

与之截然不同的是，那些实施了"优质工作战略"的公司却很少有员工离职。比如，汤恩教授常拿来举例的"快旅"

第三章
问题频发

驻加油站便利店，每年只有13%的员工离职，而同行业的平均离职率高达59%。同样，"乔氏超市"全职员工的离职率要低于10%，在好市多连锁超市工作超过一年的员工，离职率仅5.5%。

在硅谷之外，这种"优质工作战略"并不是个令人震惊的新发现。《纽约时报》在一篇解释"Q管理"用人战略的报道中引用了美国康奈尔大学（Cornell University）人力资源学教授黛安娜·伯顿（Diane Burton）的话，"该战略不过是工商管理学硕士课程所教授的一项入门常识。当人力资源构成一家公司的竞争优势时，很明显，长期的雇佣关系与我们所说的'优质工作'对员工和公司都更为有益"。有些美国公司会在没有法律义务要求的情况下，主动向员工提供带薪的产假、休假和病假，其目的就是为了吸引并留住优秀员工。

但在初创公司领域，却鲜有公司尝试用"优质工作战略"来吸引非专业技术人才，它们只会为高端人才提供免费餐饮、清洗衣物等福利。因此，当丹向硅谷投资者们解释自家的新战略时，一些投资者表示反对并要求他改回优步模式，但另一些则认为这是一项明智之举。

结果是，"Q管理"首先在2014年11月公布公司已筹集到一轮165万美元的融资，并在2015年6月又筹集到1500万美元。"Q管理"很早之前就在推特账号上发文指出："员工是公司的力量之源，其投入不可削减。"并附以一条"加入我们"的招聘链接。

"Q管理"的操作员们一上岗就能拿到12.5美元的时薪，

较之纽约州 9 美元的最低时薪高出一筹。该时薪虽然还比不上优步的平均时薪,但据纽约州的官方统计,它已远高于普通保洁员的收入水平。在纽约州,一位初级保洁员的年薪约 2.1 万美元,即等于他们每周需工作 40 小时、时薪 10 美元。而在美国全国范围内,保洁员的平均年收入仅 1.5 万美元,即时薪 7 美元左右。

每六个月,"Q 管理"操作员们的时薪就能涨 0.25 美元。如果他们每周能工作超过 30 小时,公司就会为他们提供一份医疗保险、40 小时的带薪休假以及一份退休金储蓄。"Q 管理"还将创造可靠的工作量作为公司的首要目标之一。由于大部分收入都来自每周有规律的办公室清洁业务,所以与优步和"手边家政"不同,"Q 管理"很少会遭遇不可预测的繁忙时段。这样一来,操作员们每周的工作次数也都是比较固定的。

除了为操作员们提供高于行业标准的工资,"Q 管理"还为他们构建了一条职业晋升的通道。一些操作员就借此机会在公司里一级一级地获得了稳步晋升,其中就包括一位三个孩子的父亲、出生于纽约市黑人社区哈莱姆区(Harlem),现年 39 岁的安东尼·诺克斯(Anthony Knox)。

安东尼听说"Q 管理"这家公司时,他正任职于纽约市人力资源管理局(Human Resources Administration),每周的工作是为大约 30 位有需要的人提供基本的生存信息,如从哪里获得免费住宿、衣物,以及面试前的理发服务。他认为一家不断成长的公司意味着更大的机会。他坦言:"我一向认为,

第三章
问题频发

人的一生有多努力，就能获得多大的机会。"

他向"Q管理"递交了自己的简历，详述了他曾做过11年的医务助理并具有护理文凭。然后，他很快收到了公司的通知，让他来参加一场信息介绍会。在这场介绍会上，他参加了一场口头测试，回答了一些保洁相关的问题，诸如"要清洁这个物品的表面，你会把清洁剂直接喷到物品上，还是先喷到抹布上？"（正确答案是先喷在抹布上，以避免喷到他人的衣物或眼睛上。）此后，他又参与了两次（有酬的）深度清洁工作。因在口头和实际操作这两次公司测试中都表现优异，所以他很快被公司派出负责打扫一间办公室。他还记得第一次正式上岗的日子是2014年11月21日，并如约拿到了12.5美元的时薪，同时仍保留了他在人力资源管理局的工作。这意味着他每天的日常就是从位于纽约市最北端的布朗克斯区（The Bronx）的家中出发，前往位于皇后区（Queens）的人力资源局办公室完成白天的工作，再奔波到位于布鲁克林区（Brooklyn）或曼哈顿区（Manhattan）的保洁工作地点上晚班。

回顾当年，公司那时只有几十位现场操作员（field operator），以及大约10位办公室操作员（office operator），所以"大家彼此都很熟"。

安东尼清扫的第一间办公室属于一家专业服务公司，办公室占地约1600平方米，从周一到周四，外加周六都需要打扫。他每天来到该办公室的第一件事情就是从办公桌上收拾所有的盘子并放入洗碗机清洗。在洗碗机运行的45分钟期间，他会趁机清洁厨房。等把洗好的盘子收入橱柜后，他就开始收拾 103 张办公桌，每张都需要除尘并用湿布擦拭干净。此外，男卫生间有两个马桶间和三个洗手池，女卫生间有三个马桶间和四个洗手池，外加放置"女性物品"的专用小废纸篓。在这两处地方，他会清洁所有墙面、马桶、洗手池、垃圾桶，以及戴森的干手机。上述这些清洁工作需要在办公室下班以后完成，通常会耗时 4.5 小时。安东尼每次所获得的客户评价都是全五星。

在数月后，"Q 管理"将安东尼提拔为"导师"，这意味着他在完成清洁工作的同时还要给新员工做示范。他会指导新人不同颜色的抹布各有各的用途：粉色专用于清洁卫生间，蓝色的用于擦拭玻璃窗和镜子，黄色的用于清洁厨房。他还会指点他们，魔术擦只有打湿了才好用，以及垃圾桶的正确摆放方式，等等。作为"指导者"，安东尼的时薪已涨到 14 美元。

又过了几个月，安东尼又被提拔为"监理"，专门负责监控 40～65 家老主顾办公室的保洁质量，并开始领取 15.5 美元的时薪。他每天都要去公司领取客户办公室的钥匙以及一份他名下所有保洁员们的工作时间表，以便进行现场视察。要拿到钥匙和时间表，他先要进入公司的储藏室。储藏室的一面墙从地板到天花板都堆放着透明的塑料盒，里面装满了公司发放给保洁员的各色物品：带有"Q"字母公司专有标记的帽子、T 恤、夹克、太阳镜，甚至隐形眼镜盒。而与之相对的那面墙上则安装着保险柜。用指纹打开保险柜后，安东尼

第三章
问题频发

会看到柜子里放着的大把大把的钥匙链,而他应领取的钥匙旁会有红灯闪烁作为提示。

当我在 2015 年 8 月和他见面时,安东尼已成为纽约市能用指纹打开公司保险箱的八位监理之一。在取出钥匙后,安东尼就会对其中几位保洁员的工作质量进行"抽查"。如果发现一个错误,他会现场指导负责的保洁员究竟是哪里出了问题。如果客户对保洁服务提出反馈或反映了某些需要改变的地方,他就会与负责的保洁员进行沟通。接下来,安东尼希望能负责公司的保洁员培训工作。他指出:"你要选择自己的发展方向,我喜欢培训,在给学员们展示了正确的清洁方式之后,他们通常就不大会出错。"

他还说,如果不做培训,他还会尝试着向信息技术(IT)方向发展。他会在空余时间观察公司那些计算机工程师的工作,并争取学会他们的技能。"你并不需要拥有一个计算机专业的学位,"他告诉我说,"只要具备了相关技能,公司就会提拔你。并不是所有老板都能为员工提供一条从清洁操作员到公司主管的快速升职渠道。你也可以去麦当劳从一名收银员做起,但想要升职为店长,耗时要比在'Q 管理'漫长许多。"

截至 2017 年 7 月,"Q 管理"已经在纽约市拥有 228 家老主顾,在芝加哥有 25 家,在旧金山有 28 家,客户维持率在 90% 以上。在客户每月支付给"Q 管理"的账单中,70% 是清洁劳务费,而另外的 30% 则是附加的维修与清洁用品费。同时,公司还开始因"优质工作战略"而获得广泛关注,

CNN 还将该其称为"反优步模式"的运营战略。

与此同时，优步模式很难应用于除载客外的其他商业领域这一事实也变得日趋明显。

另一家零工经济模式的保洁公司"家乐"（Homejoy）在 2015 年 7 月宣布停止运营。而相继关门歇业的公司也不在少数。比如，曾高调宣传、号称采用零工经济模式泊车的几家公司，都在突然间不是转行就是停业；提供按需洗衣服务的初创公司"吾洗"（Washio），曾提供每磅衣物仅 2.19 美元的洗涤、折叠、快递三合一费用，也宣告了退场。据美国知名数据分析公司"思维洞察"（CB Insights）的报告显示，针对零工经济的风险投资已从 2015 年的 179 项，跌至 2016 年的 114 项。

出于丹和撒曼所论证的所有原因——节省培训费用、保障工作动力，以及维持服务水准，加上为了避免受到"将雇员误归类为合同工"这类的劳资诉讼，将依赖所谓"独立承包人"的"优步模式"转换为依赖正式员工的"优质工作战略"，已成为零工经济行业的新趋势。

一家经营杂货当日达的初创公司"速购"（Instacart）曾一度完全依赖合同工，现在也决定雇佣一部分正式员工作为快递员。

"食品与杂货代购员也是一份需要定期培训的职业。"速购公司 CEO 阿普尔瓦·梅塔（Apoorva Mehta）如是说。最终，速购为其正式员工提供了培训，指导他们如何挑选出成熟的牛油果以及罗勒和欧芹这两种调味植物有何不同等购物技巧。

第三章
问题频发

物流服务公司"世普"最初也是依靠合同制快递员从客户家中收取包裹并送至公司仓库的,但现在它也做出了与速购公司同样的决策——开始招募正式员工。在一篇博文中,世普的CEO凯文·吉本(Kevin Gibbon)解释说,此举是"为构建公司与快递员之间更为长久的雇佣关系所做的一项投资,我们相信这种长期关系最终将有助于营造最令客户满意的服务体验。"此外,提供餐饮定制与外卖服务的两家初创公司"梦尝"(Munchery)与"食普"(Sprig)也在开张后不久就将自己的外卖员从合同工转为正式雇员。在硅谷内外,零工经济仍然受到资本的追捧。虽然有些放弃使用合同工、改为雇佣正式员工的初创公司仍然遭到了失败,但"Q管理"却在某种程度上证明了"优质工作战略"的可行性。

不过,"Q管理"的运营仍然压力重重,只不过这份压力并非来自客户与保洁员的高流失率,而是来自于两位创始人之间的意见分歧。

丹与撒曼曾一度共同担任公司的联合CEO,但现在丹是CEO,而撒曼负责领导产品团队。在新的办公室里,两人的位置离得很远,撒曼和工程师们坐一起,而丹则和商业团队待在另一个区域办公。自从"Q管理"正式运营起,丹就搬离了纽约市,搬到了纽约州北部的郊区郡韦斯特切斯特郡(Westchester)。如果有员工因拖把不够而在凌晨三点致电公司,这种深夜紧急事件通常就由丹负责处理。试想,有谁愿意总在三更半夜爬出被窝,匆忙赶往"家得宝"家居连锁店?丹有时便会因此不大高兴。现在,这两位联合创始人之间的交流越来越少，对如何运营公司的分歧越来越大。"像在孩子面前吵架的家长一样，我们也开始在办公室当着员工的面争执起来。"撒曼坦承。

在 2016 年 1 月，撒曼离开了公司（但他仍保留了自己主要股东的身份）。"离开公司就好像和自己的孩子分开居住一样。"撒曼在一年多以后对我说，并将这种感觉形容为"怪怪的"。至于丹那边，他先是觉得撒曼的离开对公司更好，但之后还是将这位创业伙伴的离去形容为他担任 CEO 之后所做出的最艰难的决定。

"Q 管理"至今仍未实现盈利，可谓前路漫漫、崎岖依然。

第四章

反抗

第十节 社交媒体造就的工人运动

那些优步模式的初创公司很快就成为"按需经济"的代名词。多亏了优步的商业模式，那些还算富裕但称不上是巨富的城市居民都首次过上了"按下按钮，有求必应"的生活。各家采用优步模式的初创公司都招募了一大批合同工，以不高的费用为客户提供餐饮外卖、跑腿代购、衣物清洗，甚至代客泊车等服务。"在这个可以满足人们一切需求的新世界，"一篇针对按需经济的评论文章指出，"你要么是一位养尊处优、避世而居的贵族，要么是一名21世纪版本的仆人。"

这种原本只能被一般富裕人家所承受的"贵族服务"的价格仍在降低。此类初创公司在高速成长的压力下，经常会对本就不高的服务费进一步打折，以吸引客户、打压同行。比如说，优步和来福车（Lyft）这两家零工经济打车软件服务公司之间的"价格战"，最终使得美国某些城市的打车费用竟然低于公共交通的车费。这种降价行为之所以可行，一方面是得到了风投资本家的补贴，因为他们给两家公司投资了数十亿美元；另一部分则是由于这两家公司压低了司机们的收入。随着优步和来福车的流行，这两家初创公司都不断地双管齐下。一方面降低车费，另一方面提高抽成，从司机那里收取更高百分比的车费作为"平台中介费"。而这两家打车软件公司的用户即便意识到了降价对司机们的影响，也似乎对此并不在意。来自数百万个信用卡账户的匿名数据显示，自 2015 年起，优步每周的新客量增速越来越快。优步的联合创始人之一加勒特·坎普（Garrett Camp）承认，截至 2017 年，优步在全世界范围内的注册司机数量大约是 200 万，但客户数量已高达 6500 万。

优步经常会为自己辩称说，公司降低了车费后，司机们的收入反而更高了。在某些供求局面下，优步的说法是有道理的。一旦车费下调，自然会有更多的乘客在打车时选择优步，司机的生意就会变多。与此同时，低收入会让一些优步司机失去接单的动力，随着他们退出市场，可供使用的汽车数量也就随之减少，而这种供不应求的局面会推动车费的上涨。

但事实往往并非如此。对此，美国阿斯彭研究所（Aspen Institute）所发起的"工作的未来"研究计划的参与者之一、经济学家伊桑·波拉克（Ethan Pollack）向我解释说：

> 尽管"降低每次计程车费能让司机收入增加"这种情况有可能发生，但可能性很小。即便

第四章
反抗

真的发生了,也只限于在某些特定地区。因此,如果某个指定区域的司机们开工率较低,并能因此多接送一些乘客,那么他们增加的收入的确有可能高于他们被公司削减的工资。不过,司机的整体工资水平一旦上升,更多的司机就会纷纷加入,而司机数量一旦增加,其整体收入就会随之下降。

关键是,当每一单的载客费用被公司降低之后,为了让司机的总体收入增加,一个地区必须呈现一种极为特定的供求局面——供应曲线的走势相对平稳(即载客服务的供应量未因价格降低而减少,司机并未因收入减少而退出),但同时需求曲线应急剧攀升(即打车服务的需求量因价格降低而骤增)。然而,即便这种情况会在某些特定时间和特定地区发生,但似乎不可能在所有时间和所有地区同时出现。

对优步司机而言,比车费下调更糟糕的是,优步会经常性地对司机的薪酬模式进行调整,让他们难以搞清楚自己第二天或下一周的收入。"某一天在上班的路上,老板会突然通知你说,你本周的工作量会与上周保持一致,但收入将减少30%。想象一下我们接到这种通知时的心情,"一位优步司机哈利·坎贝尔(Harry Campbell)在自己专为优步司机们发声的博客和播客账户上坦言道。

还有一些司机在寻找各种方法来反对这些车费和工资方面的改变。

我们之前几次提到的堪萨斯市优步司机亚伯正是这些司机中的一员，他觉得公司是用虚构的高工资骗他入行的，并决定将自己的脸书主页"优步自由"的意义，从原本的"优步工作的独立和弹性所带来的自由"变为"脱离优步而获得自由"。"现在，我已经没什么可失去了，"在自己的司机账号被封后，亚伯构想了对优步的单方面宣战："那就开战吧！"

亚伯想要建立一个类似工会的团体，而且最初只想把堪萨斯市的优步司机组织起来，但他几乎是立刻就改变了主意，决定把这个组织建成全国规模的。亚伯把他的车停到了家附近的加油站，并在前座录制了一个他命名为"优步司机全国大罢工"的自白式视频。在 2015 年 10 月 3 日，他将该视频上传到了自己的脸书账号。"全美的优步司机们，是时候站出来反抗优步并要求它做出真正的改变了。"亚伯在视频中说，并紧接着提议同行们进行一次周末罢工。"我们必须牺牲一点工作时间，以便为全体优步司机创造一个更棒的未来，大家只要空出三天就行。"

为了使这个宣传视频被更多的人看到，亚伯购买了脸书的一种付费广告，能让脸书将该视频放入用户每天收到的"新闻推送"（news feeds）中，感兴趣的人就会打开观看。他看到视频的点击量在攀升，但仍觉得不够，于是他一而再再而三地追加了广告费。当点击量终于到达他所满意的数字时，他的信用卡已为此刷掉了 4000 多美元。该视频被观看了超过

第四章
反抗

25万次，而且有两万名用户"点赞"并关注了亚伯的脸书账号，以便随时看到他的更新。"我大笔大笔地花钱，"他此后回忆道，听上去颇像一个红了眼的赌徒，"我不停地宣传，不停地查看点击量，并一倍、两倍，最终三倍地追加了预算。"

优步司机们是无法以合同工的身份加入任何一个传统工会的。但在社交媒体的助力下，亚伯举办一场"非传统"工人运动的梦想得以成真。在第二个在车前座录制的自白式视频中，他对自己在脸书上的新关注者说道："这将成为单纯为宣传一场罢工活动而举办的规模最大的营销活动之一。就算没有数百万，也会有数十万人知道我们这场罢工。"

以亚伯为首的罢工者们对优步提出的条件如下：

1. 在全国范围内将车费提高60%

优步那时正采取降低打车费的手段以争取更多的客户，但这种降价主要是通过减少司机每公里的收入来实现的。亚伯希望能通过这场罢工活动要求公司提高司机收入。

2. 增加打车App的"小费"选项

尽管计程车行业有收取小费的传统，但优步却一直将"零小费"作为一大卖点。公司在官网上明确指出："您通过优步打车时，无须携带现金。一旦到达目的地，车费会自动从您的信用卡中扣除并留下消费记录——我们不需要小费。"许多客户因此假定，应支付给司机们的小费已经包括在了车费中，但优步在2016年的一场诉讼中，作为庭外和解条件的一部分向公众澄清：事实并非如此。亚伯希望优步在此基础上更进一步，正如它的竞争对手"来福车"已经做到的那样，为优步 App 增加一个"小费"选项，让乘客自主决定是否支付给司机小费。

3. 将预约取消费提高到 7 美元

如果一位乘客召唤了一位优步司机，却在司机已经出车后取消了这段行程，一般该乘客需要为此支付一笔 5～10 美元的费用，而且这笔取消费中一定的百分比归司机所有。亚伯认为让司机花时间赶往接人地点却白跑一趟，这笔损失至少要 7 美元起。

4. 将单程最低车费提高至 7 美元

优步为那种只跨越了几个街区的超短行程设定了一个最低车费。但在公司扣除了佣金和其他费用后，接到这种超短行程的司机只能拿到 2～3 美金。但亚伯认为 7 美元更合理。

亚伯的整套计划十分简单，正如他在几天后的一次脸书更新中所写的："第一阶段：组织一场优步有史以来最大的全国性罢工活动——已完成！第二阶段：吸引主流新闻媒体的关注并让这场活动获得病毒式传播——进行中。"亚伯还为活动想出了一个官方口号："优步太贪婪，司机度日难。"并得意地解释说，该口号"简单写实、押韵好记。"

对于一位缺乏经验，仅凭着脸书的几样营销工具以及一种过于乐观的态度作为依仗的罢工组织者而言，亚伯在 2015 年 10 月底就已吸引了令人惊讶不已的超高媒体关注度。在亚伯做出脸书宣传后不久，堪萨斯市的一家地方电台就报道了他

第四章
反抗

的罢工大计。此外，旧金山湾区、洛杉矶、西雅图，以及华盛顿特区的小规模优步司机团体也纷纷加入了脸书上有关这场罢工和抗议活动的相关地区组群，并决定在亚伯指定的周末共同行动。

在这场优步司机全美罢工开始之前，亚伯从堪萨斯赶往旧金山并接受了视频采访。他在镜头前颇有些自我陶醉，并滔滔不绝地说了一些诸如"毫无疑问，这场罢工十分鼓舞人心"这样的话。该视频的背景是一辆属于某位旧金山市罢工组织者的黑色轿车，经白色临时性油漆装点后，这辆车算是起到了罢工"宣传海报"的作用。此时的亚伯已兴奋到了食不下咽的地步。

在周五上午10点，他现身于优步总部所在的办公大楼。一小群司机围着手持一只红白相间扩音器的亚伯站成了一个半圆形，其中许多人都拿着一块荧光色的宣传纸板，上面用黑色记号笔写着罢工口号。除了反复高呼"优步太贪婪，司机度日难"之外，他们似乎并不知道还应该做些什么。从一些抗议的视频看来，到场的媒体似乎比司机还多。"这很有可能，"亚伯回应说，"但我认为媒体到场会造成更大的影响。"

几家全美新闻媒体，如美国知名科技网站"万事博"（*Mashable*），科技类博客"重码"（Recode），外加旧金山、华盛顿特区、亚特兰大、菲尼克斯和底特律这几座城市的地方媒体，都对此事进行了报道。

但即便是获得了媒体关注，这场罢工也仍存在一个逻辑问题。

零工经济
传统职业的终结和工作的未来

工会的形成要件之一是：工人们需要集中在同一个地点工作，比如工厂、矿井、铁路轨道，这样才便于他们彼此沟通。然而相反的是，优步并未提供一个能让"工友们"彼此交流的地点。尽管一些网上论坛有助于他们之间的沟通，但这批数量庞大的优步司机说着不同的语言，并以不同的方式使用优步。他们需要积极主动地找到并聚集于同一个脸书组群或论坛中，才能有效地组织对抗公司的活动。即便是在那些优步司机之前曾组织过几场罢工的城市，当地的大部分司机也都表示对这些罢工活动闻所未闻。"不巧的是，一些司机因在外工作而未能参加今天的活动，"一位罢工活动的组织者在脸书上一个名为"优步司机纽约市网上联盟"（Uber Drivers Network NYC）的主页上写道，"不是因为他们找借口骗人骗己地不想出现，而是因为他们根本没收到这次罢工的任何信息。"

对于该问题，亚伯采用了"车载扩音器人工宣传法"来予以解决。具体策略就是，安排手下的抗议者们一人开车、另一人手持扩音器倚靠在后车窗边，以人们有时会在消防演习中使用的尖利语音语调大喊："打车别找优步！选来福车、赛得车（Sidecar）！叫计程车！乘公交车！就是别找优步！"此外，亚伯还在脸书组群"优步自由"中上传了另一个视频，视频内容是一位司机开车追上了另一辆车，摇下车窗并与第二辆车的司机展开一场对话。

"你工作优步？"这位司机用很烂的英语问道。

第四章
反抗

后者回答说是的。

前者继续说:"这周末有场罢工,你知道?我也工作优步。这周末,罢工。只选来福车,不要优步。"

后者开着车跑远了,但前者仍朝着镜头大喊:"不要优步!去他的!"

在当晚举行的一场胜利晚宴上,亚伯凝神观看着地方新闻中的自己。数天后,一家科技类博客"潘多树"(*Pando*)对此发表了一篇新闻报道,题为"社交媒体造就的工人运动:当下的工人领袖亚伯·侯赛因"。

从外界看来,亚伯所组织的这场罢工活动看上去像是一场草根阶级对抗大公司的真诚努力。但自从有规律地采访了亚伯几次之后,我很快就发现他发起罢工的首要目的就是为了赚钱,而不是为了社会公平而奋斗。

亚伯个性开朗友好,并对自己在与优步的"对战"中获得胜利有着强烈的信心,这样的他有时还是挺讨人喜欢的。此外,他自有一套人生哲学,并因此很难认同以下一些"三观不正"的观念,诸如"在美国不存在种族歧视""无家可归者不值得同情""花钱找女友约会比试图开展一段正常的男女关系更令人尊重",等等。但遗憾的是,除了上述优点之外,亚伯的某些所作所为实在难以获得人们的信任和赞同。比如,诉讼就是他发泄不满的一种常用方式。他之所以向美国国家劳工关系委员会状告优步,只不过是因为优步的薪酬制度不能让他满意。他自己也承认,他热爱诉讼是"因为反正我也不用花钱"。除了优步，他还正在起诉另一家前雇主布拉沃和布里奥餐厅集团（Bravo Brio Restaurant Group），理由是在他担任这家连锁餐厅的餐桌和吧台服务生时，所做的工作让他没有小费可赚。当然，他此举也并非完全无理取闹。餐饮服务生的工资经常会低于最低工资水平，这是因为他们可以期待从客人那里获得小费。不过，在正式递交起诉文件后，亚伯先是把起诉书贴到了集团的一个社交网站上，以保证经理们一定会看到。然后，他还在未获得上级允许的情况下，明目张胆地屡次跑到隔壁的帕内拉快餐店去休息。他告诉我说，他希望被餐厅解雇，这样有助于赢得诉讼。

尽管亚伯选择对抗他认为"坑"了自己的企业家们，但他也明显十分崇拜他们。他把优步 CEO 特拉维斯·卡兰尼克的经历"查了个底掉"，知道他曾屡次做出冒险的决策。例如，这位 CEO 曾在一家初创公司的起步期就选择了加入它，可惜该公司与纳普斯特（Napster）音乐分享网站的性质极为类似，最后因涉嫌侵犯知识产权而遭到起诉并被原告索赔数十亿美元。"他敢于冒险，我很尊重这一点，"亚伯对我感叹说，"只有具备足够胆量的人会反复这么做。"除了优步的 CEO，亚伯对曾骗了他数千美元的传销机构头子凯文·特鲁多也很服气。他现在仍坚持使用自己在"环信网"的所学，比如应如何穿衣打扮（以成功为目标），如何与他人对话（利用手势），以及如何获得成功（相信自己）。亚伯坦言："环信网教导我如何应对人生，之前没人教过我这些。"

对亚伯来说，似乎只要研究了凯文、特拉维斯以及与他们

第四章
反抗

相似的其他"成功人士"所采用的词汇,他就也能获得与他们相差无几的财富。亚伯最喜欢的一张励志型有声 CD 是阿诺德·施瓦辛格的《六步成功学》(Six Steps to Success),并曾有一次对我重复了好几遍其中一个关键的成功步骤:"不能违法,但可违规。"他亲眼见过一些违背规则的成功者,有时还吃过他们的亏,并很可能因此把"违规"视为成功的必要条件之一。

他对环信网传授的"吸引力法则"深信不疑,并因此会经常自信满满地去追逐一些高大上的目标。比如,他过去的目标是竞选国会议员,未来的目标则是建立一家能将优步挤兑到破产的公司。而他现在所发起的抵制优步的工人运动,也只不过是符合该法则的模式的另一个"伟大想法"。

罢工结束后,亚伯在一条后续视频中对该活动进行评价,"毫无疑问,任务完成。"但事实上,一切并非"毫无疑问"。媒体的关注可能会让优步略感烦恼,但这点烦恼好似蚍蜉撼树。可以说,这场罢工完全没有影响到优步的商业模式。单凭拿着一台扩音器开车四处宣传,并不足以通知其他司机来参加罢工,而且影响力明显极为有限。美国全国广播公司(NBC)华盛顿分部在报道中特别指出:"在周六一早打开优步 App,你会发现大量司机都处于在线接单的状态。"

即使在那些更为传统的工作场所,罢工尽管曾一度是有组织劳动者们对抗企业的最强施压手段,但现在已经因为不大有效而十分罕见了。在 20 世纪 50 年代,全美每年平均会出现 300 多场罢工。而到了 21 世纪,年平均罢工次数锐减为仅

20 起。亚伯和他手下那一小部分人单凭一个扩音器能闹出多大动静？

　　优步的专业公关团队试图将媒体的关注点从亚伯的抗议活动上移开，借机大谈特谈优步的"弹性工作制"，以便将此类负面报道巧妙地转化为对优步工作的正面宣传。优步公司向所有报道过此次罢工活动的媒体给出了一个俗套的、几乎离题到可笑的回信。信中首先指出："我们总是欢迎司机合伙人提给公司的任何反馈。"接下来就是对其零工经济模式的宣传，"司机们说他们十分珍惜优步的弹性工时，并愿意借助优步平台自己做自己的老板。他们之所以都选择优步而不是其他平台，是因为优步能完美地融入他们原本的生活和工作"。总之，优步公关这种"借力打力"的柔术手段着实令人印象深刻。

　　亚伯所组织的反抗活动很快就分崩离析。尽管他计划好要在 2015 年的新年前夜进行"优步司机第二轮全国大罢工"，并且据他在自己脸书主页上所贴出的证明文件显示，他已支付了一笔 6500 美元的广告费来"推广"罢工声明视频，但这场活动却几乎无人响应。此外，他还试图建立起一个司机组织，通过收会费的方式来支付宣传费用。但当他在 2016 年 7 月向我展示这个司机协会网站的管理员界面时，我发现只有 12 人签约入会。

　　亚伯还使出了另一种针对优步的报复手段，但我之前对此毫不知情，直到该手段实施后才偶然发现。某一天，我俩花费数小时一起浏览他的电子邮件和社交媒体账号，以梳理他

第四章
反抗

所做的罢工组织工作。他向我展示了一封写给优步业务支援部门人员的电子邮件，发信时间在12月31日，正是他原定但最终失败的"优步司机新年前夜大罢工"发生之前。他在信中说："现在我给优步一个机会，你们给我一万美元，我就撤销在脸书上发布的反对优步的页面和网站，并且不会给你们造成任何麻烦。我还会从此彻底消失，不会再涉足任何反对优步的活动；或者我可以把管理员账号移交给你们。这是你们能阻止第二场全国大罢工发生的最后机会。"结果，优步并未理睬他的提议。

读到这封信时我深感失望，但在和亚伯聊过几次、对他比较了解之后，我也并不惊讶他会这么做。

在我看来，亚伯在人生的大部分时间里似乎都处于一种有心无力的状态。他首先将优步视为一种掌控自身命运的方式，一种经营自己的生意的机会，以及一条发家致富之路。当梦想破灭时，他就匆忙采用了一些能让他重新掌控人生的方式——抗议活动、提起诉讼、组建工会，甚至是我现在才知道的，直接问优步要钱以放弃自己为组织抗议活动而付出的种种努力。

由优步司机所领导的反对优步下调车费的各种努力不少，尽管很难确定其中的哪一个获得了较高的知名度，但活动组织者直接朝优步要钱的并不多。在我与亚伯打交道的期间，我还认识了马里奥·里德姆（Mario Leadum），他独立组织了旧金山市优步司机的抗议活动，并获得了一个不错的开端，但最终还是放弃了。

零工经济
传统职业的终结和工作的未来

和亚伯一样,马里奥也是听一位朋友介绍说做优步司机能赚大钱,才在 2013 年加入优步的。他在家里算了一下,如果照朋友说的,做优步司机每周有可能收入 3000 美元,他就可以在买一辆新车的同时还能做到收支相抵。所以他辞去了自己原本在一家会计公司的销售与营销工作,并购买了一辆卡迪拉克的豪华越野车"凯雷德"。他说,一开始,他的确能在 5 天里通过长时间载客赚到 3000 美元。

但之后优步开始下调车费——这是优步在一个城市站稳脚跟后会经常采用的做法。马里奥的收入开始降到每周 650 美元或 700 美元,但驾驶时长不变。马里奥评论说:"优步太贪婪了。很明显,有关它的新闻到处都是,据说它的估值已经到了 650 亿美元。"马里奥和其他一些优步司机开始在旧金山市的机场以及烛台公园体育场(Candlestick Park)频频碰头,商量他们可以做出的各种选择。在 2016 年 1 月,也就是距离第一轮车费下调还不到一个月,优步在全美范围内开始了第二轮降价。对此,马里奥和全美的其他司机团体开始行动起来,准备共同开展一场抗议活动。

这场抗议活动所产生的影响远超亚伯所发起的那场。据《纽约时报》报道,数百名司机都聚集到了优步的纽约市总部。在旧金山,马里奥和其他司机则组成了一个浩浩荡荡的车队,一路按着喇叭先后开过了烛台公园体育场、市政厅,最终停在旧金山的优步总部。迈克尔·古莫拉(Michael Gumora)作为"搭车报告"(*Rideshare Report*)网站的运营者,十分关注这场活动并全程尾随了车队。他向知名科技类电子

第四章
反抗

杂志《连线》(Wired)的记者描述说:"大街上是一片车的海洋,整个游行车队的规模有两三个街区那么长,有四条车道那么宽。"这次抗议游行的成功让司机们热情高涨,他们计划在"超级碗"举行期间再次组织活动破坏优步的生意,并将活动地点定在了优步的"老巢"旧金山。

就在"超级碗"比赛当天,警察驱散了聚集在体育馆附近的一小群司机,但优步的运营并未收到干扰。据马里奥说,优步向司机们保证,如果他们在"超级碗"期间出车,就能获得40美元的时薪。对于优步的回应,马里奥说:"我们见招拆招,正在筹备举行另一场大规模的抗议活动,争取比上一次游行的规模大7倍。"这场活动预定在2016年2月26日举行。同城司机,或具有共同文化和语言背景的司机们纷纷组织起来形成各类团体,并约定彼此协作。马里奥兴奋地说:"我们组成了埃塞俄比亚司机社团、阿拉伯司机社团,巴西司机社团……大家都到位了。"

但2月26号当日却并未出现有关优步司机罢工的新闻,马里奥也不再回复我的电话和短信。纽约市优步司机活动的组织者阿布多·迪亚洛(Abdoul Diallo)告诉我他不打算加入这场2月26日的抗议活动。"我组织反优步的司机活动有两年了,"他苦涩地说,"我已经明白怎么做有用,怎么做没用了。而且说实话,我们在纽约市成功组织了几场罢工,但优步因此改变降价政策了吗?因此停止损害我们司机的利益了吗?事实是,并没有。优步之前倒是做过一些改变,但他们很快就找到了其他手段继续压榨司机。他们改掉一种政策,但会实施另外的政策来达成同样的目的。"

优步司机要想组织一个传统工会，通常有两种选择：第一种是证明这些司机实质上是被优步作为"正式员工"对待的，而据美国联邦集体谈判法规定，正式员工才有资格组织工会；第二种是在集体谈判法之外另寻他路，让司机们以合同工的身份被组织起来。

"国际卡车司机兄弟会"的西雅图地方分会曾游说西雅图市议会通过一条法律，允许优步司机组建工会。[但在该法律获得通过后不久，"美国商会"（US Chamber of Commerce）就起诉了西雅图市，指出这条新法与反垄断法相抵触。]在德国，一批工人组织共同创建了一个"行业规范"。截至2017年，已有八家众包公司承诺将遵守这些规范。这些工人组织还共同建立了一间办公室，让工人们可以有地方举报违反这些规范的公司。

尽管有上述这些对策的存在，但历史悠久的工会也同样面临着亚伯这类新型工人团体组织者所面临的问题——他们无法知道有哪些人在为零工经济公司工作。美国"国际机械师与航空航天工人协会"（International Association of Machinists and Aerospace Workers，简称IAMAW）位于纽约市的工会与优步达成协议，令优步管理层同意将其纽约市司机的联系方式交给该工会，从而解决了这一问题。通过这份联系名单，该工会最终创立了一个"独立司机行会"，那些被优步封掉账户的零工司机可以通过该行会进行投诉。

但劳工界对这一"司机行会"的反应并不相同。由于

第四章
反抗

IAMAW 的纽约工会和优步达成了合作关系，所以它放弃了针对优步"故意将正式员工误分类为合同工"的指控。此外，这个非工会性质的"司机行会"也无法代表司机与优步协商薪酬合同，因为合同工们联合起来为他们的服务定价会被视为共谋。尽管有人将优步与该"司机行会"所达成的协议视为"向正确方向前进了一步"，其他人却将其视为一种保护优步公司而非优步司机的公关努力。"纽约市出租车司机联盟"（New York Taxi Workers Alliance）的执行理事贝拉维·达塞（Bhairavi Desai）将此举称为一场"历史性的背叛"，并立即联合十位优步司机以"将正式员工误分类为合同工"的罪名对优步提起诉讼。纽约市优步司机的组织者阿布多·迪亚洛指出，"司机行会"听上去像是个"虚假机构"，并鼓励零工司机们与"联合交通工会"签署协议，允许该工会代表他们。

正当各个公会寻找着组织起优步司机的最佳方式时，优步则指出正在改善对零工司机的管理模式。在 2016 年夏，优步与美国在线广播服务商"潘多拉"（Pandora）达成了合作关系，并将"潘多拉"的广播服务作为一项员工福利。根据两家之间新签订的协议，优步司机可以免费成为潘多拉的"优质会员"并聆听其广播内容。此外，优步还给 App 增加的一项功能是，司机可以选择在午餐时间"暂停接单"，而不是像之前一样，只能选择"拒绝接单"——如果司机经常性地拒单，他们最终会被优步平台取消账户。优步 App 的另一项新功能是，如果司机等待乘客的时间超过两分钟，他们就能拿到一笔等候费。毋庸置疑，这些改善之举都是浮于表面的，并不属于实质性的改变。

不过直到此时,优步仍未在 App 中增加小费功能,尽管每个有组织的司机团体都向优步提出过这一要求。虽然司机所收到的小费并不足以改善他们的生活,但小费一直是出租车行业的标配,而对优步而言,在乘客 App 中添加一个小费功能也并不是件难事,但优步一直很抗拒这个要求,因为它希望尽可能地方便乘客。"乘客们一直告诉我们,他们最喜欢优步的一点就是支付省心,"优步在 2016 年发表的一篇博客文章中解释道,"所以我们希望保留这个无小费的传统。"

直到在 2017 年遭遇一场公关危机后,优步才放弃了这种零小费的策略。优步的前雇员苏珊·福勒(Susan Fowler)在一篇博文中揭露出公司内部存在严重的性骚扰和性别歧视问题,这导致优步最后进行了内部调查,最终有 20 名职员遭到解雇,创始人兼前任 CEO 特拉维斯·卡兰尼克也下了台——因股东们不满而被迫辞职。公司急于减轻福勒爆料所产生的恶劣影响,于是在一个潮湿闷热的夏日,优步在纽约市的联合广场(Union Square)附近投放了一个巨大的冰块,里面放着大量冰淇淋蛋筒,人们可以拿着它们去麦当劳换取真正的冰淇淋。(优步前几年也曾在夏天给人们派送过免费的冰淇淋,但那只不过是夸张的做秀而已。)在这个大冰块附近,优步的员工们向路人随机发放印有色彩明快的蜡笔画图案的 T 恤。

与这场夏日品牌推广同步进行的,是优步做出了一项名为"180 天的改变"的承诺,向司机们保证将改善他们的工作体

第四章
反抗

验。为此,优步首先在 App 中新增了一个"小费"选项。其次,司机在前去接乘客的路上也开始有报酬可拿(之前没有)。另外,如果一个行程超过 45 分钟,优步会提前告知司机,再由他们决定是否接单。这样一来,很多司机就避免了将乘客送到离市中心比较偏远的一个地点后,不得不自己负担回程油费的尴尬。

这些改善对一些司机来说还远远不够。但由于优步司机平日里分散的工作性质以及他们相对独立的身份,因此想要将他们组织起来难度很大。除了因这场公关危机而急于改善自身形象外,优步并没有其他的商业理由让司机对他们的"微型企业"拥有更多的掌控权,或是尊重他们提出的其他要求。优步的服务只不过是把乘客从一地送到另一地这么简单,即便司机们和优步公司相处得更加融洽,也未必会使他们服务质量出现任何有意义的提升,或让乘客们愿意为了享受更优质的驾驶服务而花费更多。只要一直能招到数量充足的司机(在经济下行的背景下,这会变得更加容易),在缺乏足够的财务刺激的前提下,公司就没理由特别重视司机们的工作体验。

一位优步未能成功招募至麾下的高管在 2016 年向《卫报》透露,在他进行面试时,优步的首席产品官对于"优步将如何应对司机们的不满"这一问题所给的回复是:"哦,我们会用机器人取代他们。"(不过另一位优步发言人对此解释说,这位产品官完全不记得自己说过这样的话。)

在大学入学申请书中，克里斯蒂将自己在亚马逊劳务众包平台"土耳其机器人"网站（以下简称"土网"）的工作形容为一个"众包性质的微型承包人"岗位。她还特别强调，自己在利用土网谋生期间曾为好几家"财富 500 强"公司服务过。她希望进入心理学专业学习。

"土网"向克里斯蒂展示了许多工作距离"自动化完成"已是近在咫尺，她正是帮助机器进行图像识别与疾病诊断的众多"助教"之一。而且她也深知，某一天这些算法将不再需要他们这些"土客"的简单培训，而是会将这些人类"助教"取而代之，进行自我学习。但至少据她所知，人们还是更希望接受一位人类医生的诊断，以体验一份真正的人际关系。

由于她丈夫已经拿到高中文凭并有了工作，因此克里斯蒂就能省出了一部分她从土网上获得的收入，用来支付每年一万美元的大学学费。她的目标是依靠大学文凭找到一份更理想的工作，并积蓄一笔养老金。

自 2012 年起，克里斯蒂开始了她在加拿大知名公立院校瑞尔森大学（Ryerson University）的学习。她的大多数同学都只有 20 岁出头，所以这让永远坐在教室前排、不停举手提问的克里斯蒂不时担心，自己在他们眼中是个"古怪的老家伙"。她有时会使用一个匿名账户加入到班级同学的脸书群组并加入讨论。但在现实生活中，她发现和同学们交上朋友比在网上更难。

尽管克里斯蒂在上大学后已经停止了自己在土网的全职工

第四章
反抗

作,但她仍继续担任"土客国度"(Turker Nation)论坛的版主。该论坛不仅让她继续保持和土客们以及朋友们的联系,还激发了她对"行为主义"的兴趣。

她在"土客国度"论坛上结识了一些对土网工作有研究兴趣的学者。其中几位,包括美国斯坦福大学的迈克尔·伯恩斯坦(Michael Bernstein)在内,他们的研究目标是如何以众包工作的方式来解决更大、更复杂的未来问题。而另一些学者,如曾为土客开发过一个客户打分和评价小工具的谢克斯·希尔伯曼(Six Silberman)和莉莉·伊拉尼(Lilly Irani),他们的研究方向是"众包工作的出现对普通劳动者的意义"。这群学者中的几位正好要来多伦多市参加一场学术会议,克里斯蒂同意和他们当面聊聊。

他们在克里斯蒂最喜欢的一家印度菜餐馆中进行了晚餐聚会。在他们讨论"土网"的过程中,"奥斯卡·史密斯"(Oscar Smith)这个名字没过多久就被提到了。这位"史密斯"先生(可能是个化名)算是土网的一位老客户,经常大量发布将商业名片由图片转录为文字的任务。据克里斯蒂说,他因开价超低而臭名昭著,转录一张名片的报酬只有1美分。土网上的打工者们都怀疑他是某一家社交网站的员工,因为那时该网站正好在为用户提供一项"将用户拍下的名片照片中的信息自动添加到其通讯录"的服务。就这样,聚会的话题自然转到了土客们该如何做才能让奥斯卡·史密斯提高任务报酬。

在座的每位都明白,要想组织土客采取联合行动着实不易。有些人犹豫着不愿去挑战亚马逊的政策，因为该公司很可能会因为遭遇到土客的抗议或抵制而干脆关闭整个"土网"。在其年度报告中，亚马逊透露了自己 1360 亿美金的净销售额，但对"土网"这个众包平台却只字未提。该公司一贯以快速创办和关闭新业务而远近闻名，曾先后关闭过旗下的杂货快递、家庭保洁，以及一个类似于"拼趣"的购物平台。因此大家都觉得，如果"土网"给亚马逊带来任何麻烦，它一定也会毫无顾忌地关闭掉这个麻烦。因此，任何土客的联合行动都必须要小心谨慎。此外，土客遍布世界各地，说着各自不同的语言，对"每月赚到多少美金才能糊口"这个问题也有着完全不同的答案。综上所述，传统的工会模式完全不适合团结和组织土客进行活动。

但其他适合土客进行集体行动的模式可能是存在的。如果土客们把"坏雇主"发布的任务扣住不做，是不是就等于另一种形式的"罢工"？具体来说，就是可以由一位土客先报名做这份工作，但并不真正去完成，而等规定的考虑时间一过，该任务就会被释放回平台；这时，另一位参加该"消极抵抗活动"的土客会再报名接下同一份任务，但仍拖着不去完成。由于这些土客并没真正完成任务，奥斯卡·史密斯就没机会拒收任务成果并给出差评，因此也不妨碍这些土客在土网的信誉，他们此后完全可以照常接单。再或者，土客们可以直接接下奥斯卡·史密斯所发布的全部任务，但在完成任务时故意搞些小破坏。比如说，少录入一位电话号码，把邮编写错，等等。奥斯卡·史密斯可能不会及时注意到这些小错误，

第四章
反抗

因此不会给出差评,但他的客户就不会放过他了。

尽管这场谈话开始于大家的玩笑和假设,但研究者们和克里斯蒂都逐渐考虑起将其中一些点子付诸实施的可能性。虽说扣住奥斯卡·史密斯发布的任务这种做法有些过于极端,但这种联合行动的策略仍颇具可行性。

克里斯蒂同意和这些学者们保持联系。她向其他一些土客征求了他们对这种联合行动的意见,其中一些人因害怕受到亚马逊的惩罚而对此表示反对,但另一些对此十分赞同。最终,莉莉·伊拉尼、迈克尔·伯恩斯坦,几名斯坦福大学的学生和克里斯蒂共同开展了一个名为"土客联合活动"研究项目。在项目实施过程中,克里斯蒂不仅帮助学者们建成了一个名为"原动力"(Dynamo)的土客联合活动集结网站,还负责撰写了最后的结项报告。

原动力网的设计初衷是帮助土客们规划联合行动,它的运作流程如下:首先,网站创建者们会在土网上发布一个任务,规定只有那些完成了 100 项任务或更多的土客才有资格接单。该任务的内容是:接单的土客可以享受一次 5 分钟的带薪休息。他们可以选择在这 5 分钟内什么也不做也照样拿钱,或是选择访问原动力网并用任务中所提供的密码注册成为会员。该任务其实达成了招募和筛选原动力网成员的双重目的,因为只有活跃的土客才能拿到密码。同时,由于土客们无须实名登记,因此他们也不会担心自己的身份泄露后,因加入原动力网而被亚马逊施以"土网封号"的惩罚。其实土客们希望"匿名加入"是有充分理由的,如果身份曝光并且土网账号遭到查封，由于算不上是工会成员，他们根本无法受到相关工会法律的保护。

在原动力网，任何用户都能通过以撰写一份活动描述的方式来创建一场"土客联合活动"。其他土客可以根据该描述选择投票支持或反对该活动。而当一个想法获得至少 25 张赞同票时，它就会被挪到一个专门的"项目空间"中，活动发起者可以在各种专门小工具的帮助下，为该项目列出行动步骤并追踪每个步骤的进展。该网站于 2014 年正式开始运行。

大约在同一时间，克里斯蒂首次受邀参加一场在美国宾夕法尼亚州匹兹堡市举行的学术会议，并要在会议上进行一次公开演讲。这个邀请的来龙去脉如下：克里斯蒂有个习惯，喜欢给每个她通过阅读而获知且觉得有趣的人写一封电子邮件，以便与之相识。在阅读了一位微软公司的研究者所撰写的有关与数家众包平台合作的文章后，她就给这位研究者发了一封寒暄性质的电子邮件。而该研究者又把克里斯蒂介绍给了上述这场学术会议的组织者。当她首次接到这个会议演讲的邀请时，她完全不知道自己能对大家说些什么。所以她想到一个办法，把自己的演讲设置为一场访谈，由迈克尔·伯恩斯坦询问有关土网的问题，然后由她来一一回答。

这是她人生第一次来到匹兹堡，而且她也不确定在面对一大群带有博士头衔的听众们讲话时，自己会表现如何。不过，当她开始谈论自己作为一名土客的工作经历时，她觉得自己还是挺享受这一刻的。

第四章
反抗

"我的老天啊!"她在脑中自语。"我很擅长这个,我竟然一点也不害怕。"

在创办仅 6 个月后,原动力网已拥有 470 名注册用户。在用户所提议的 22 项土客联合活动项目中,有两个已变为现实。第一个活动是建立一套用于制止学术研究人员不良行为的道德准则。这是因为有些研究者将土网视为一个招募研究对象的廉价渠道(截至 2015 年,"谷歌学术"网站上已有超过 1120 篇学术论文以"土客"为研究对象)。尽管土网已日渐成为一个流行的研究工具,而土客们也成为不少与人工智能相关的实验和研究的参与者,但与那些会与研究者发生直接接触的实验对象不同,土客们的身心健康并未受到各大研究伦理委员会的同等重视。

其中最令克里斯蒂感到愤怒的是一位华盛顿大学(University of Washington)的研究生所设计的一项研究。这位研究生先是在土网上发布了一个"图片识别"的常规任务,并以此为名招募到了一群"土客",但却并未透露这些"土客"本身也是该研究的一部分。这群毫无心理准备和戒心的土客一开始被展示了一些有关动物的可爱图片,和我本人在土网上完成同类任务时曾看到的那些十分相像。但接下来,一些内容令人越来越感到不适的图片就会时不时地出现。一位土客在一个第三方平台"土客评价"上吐糟说,这些照片有"90%都是漂亮可爱的小猫、明媚的阳光、纸杯蛋糕和布朗尼蛋糕",而剩下的 10% 却是"截然相反的恐怖照片——街道上遭肢解的儿童、烧伤的病患、被截断的残肢、腐烂的尸体，等等"。这位研究生和他华盛顿大学的研究伙伴们基于该研究撰写了一篇论文，并在一份草稿中解释说，他们试图测试"根据图片内容'令人喜悦'或'令人反感度'的程度，数据工人所输出的劳动量会发生怎样的改变"。而该研究用到的恶心图片，是这群研究者以"截肢、验尸、断肢、坏疽、幼虫"等作为关键字，从谷歌图片里搜集到的。

尽管一些"土客"表示，只要能拿到钱，他们并不介意被当成"实验室的小白鼠"使用，但其他数据工人认为，如果相关的"学术研究伦理委员会"（类似"机构审查委员会"或"伦理审查委员会"，可以从伦理角度决定是否要批准一项实验的进行，如这种包含可能会引发实验对象心理不适的图片的实验）对这种"滥用土客"的情况有更多了解，那么此类研究将根本不会被批准。在这场"树立道德标准"的活动中，最终有 171 名数据工人和 45 位任务需求者签字同意了这些措辞正式的、学术范十足的学术伦理指导方针。

由于"原动力"网采用化名制，用户姓名都是以"形容词"+"动物"的方式自动生成的，所以最终的签名表大致如下：

华丽的帝王蝶（2014 年 8 月 14 日）
勇敢的蟑螂（2014 年 8 月 14 日）
花哨的鳕鱼（2014 年 8 月 15 日）
忠诚的苍蝇（2014 年 8 月 15 日）

第四章
反抗

深色天堂鸟（2014 年 8 月 15 日）

得意扬扬的海胆（2014 年 8 月 15 日）

孤独的袋熊（2014 年 8 月 15 日）

好笑的刺猬（2014 年 8 月 15 日）

快乐的水獭（2014 年 8 月 16 日）

恐怖猫（2014 年 8 月 16 日）

虽说这些签名画风搞笑、不够权威，但却意义非凡。

克里斯蒂本人提议了"原动力网"的第二项活动。她最大的担心是，土网上的雇主们有时不把数据工人当人看，一部分是由于亚马逊公司对该数据众包平台所提供服务的描述。这些描述并未强调这些工人的人类属性或承认他们的个体存在。比如，亚马逊给土网打出的推广口号是"人工的人工智能"。土网的主页使用了一个简单的流程图向新来的工人解释该平台上零工经济的运行流程：找一件有意思的任务→干活→拿钱。"干活"这个意思是用一个"转动的轮子"的图片表示的，而不是用一个人类工人的形象。与其他零工经济平台不同，土网的雇主们看不到为他们干活的工人们的名字。"你在面对一件非人格化的物品时，比如说一台冰箱，你不会对它产生任何同理心，"克里斯蒂说道，"你可以毫不在乎地甩上冰箱门，也不介意食物在里面发霉。这些都不重要，因为你根本就不在乎一台冰箱的处境。"

对于土网数据工人所遭遇到的这种"非人待遇"，克里斯蒂的解决方案十分简单：让土客们给亚马逊的 CEO 杰夫·贝

零工经济
传统职业的终结和工作的未来

佐斯（Jeff Bezos）写信反映这一问题。克里斯蒂在她的活动备忘录中写下了一个标题"我们想说什么"，并一一列出了以下要点：

一、土客是人，不是算法，应以人类的身份被进行市场营销。

二、土客不应被视为廉价劳动力被出售，而是应被视为技术熟练、工作时间灵活的劳动者而受到尊重。

三、土客需要拥有一种能代表他们的方式，以便通过亚马逊被介绍给"需求者"（Requester，即需要雇佣土客的雇主）和全世界。

克里斯蒂寄给贝佐斯的信写得诚恳而有礼。信中从商业角度分析了为什么土客们值得享有更好的待遇，而不是试图以情动人。毕竟贝佐斯与出于个人情怀而创立"Q管理"的丹和撒曼不同。克里斯蒂写的信的全文如下：

尊敬的贝佐斯先生：

我是一名土客，同时也是一个中年人、微型企业家、大学生、母亲和妻子。一直以来，来自土网的收入使得我和我的家人免于衣食无着、流离失所之苦。但我并不是那种时薪仅1.45美元的土客，而是一名熟练而聪明的数字工人。土网的工作是我主要的收入来源，也是我当前所选择的职业。然而，尽管我是一个人类而不是一种算法，但土网的需求者们却似乎认

第四章
反抗

为我只能对他们唯命是从，他们不尊重我还有我的土客伙伴们，不但不给我们提供一份公正的薪酬，而且还认为我们应该为自己做这么"容易"的工作也能获得接近最低薪酬水平的工资而对他们感恩戴德。可事实是，整天在土网找活干并不容易，必须找到并安装各种小程序以便更高效地工作不容易，面对雇主不公正的"任务打回、拒付报酬"的行为不容易，作为一名土客着实不易。

请您不要再将我们视为廉价劳动力，而是视我们为具有熟练技术、能高效完成工作的劳动人群。支付给我们少到不公平的工资并不能省钱，相反，使用一大批在一天中的任何时间段都能随时上岗的劳动力才会有助于削减成本。请别再将我们当作无生命的算法廉价出售，而是告诉那些使用土网服务的需求者们，我们是活生生、有呼吸的人类。而我们在土网赚到的收入也不是用来买醉，而是用来为家人提供果腹的食物、蔽体的衣服以及一片遮风挡雨的屋檐。如果您能在某种程度上促进土客们和需求者们的交流沟通，请给我们双方提供一个论坛或直接向他们转述我们的处境，我认为这将改善需求者们对土客的认知。请您别忘记：需求者付给我们越高的工资，您赚到的平台中介费就会越多；需求者们给我们更好的待遇，我们的表现就会更出色，他们也就更愿意使用土网发布任务；同时，土网的声誉越好，就会有越多的新需求者愿意使用它的服务。总之,土客开心了,需求者就会顺心,最终亚马逊才会舒心。

感谢您的阅读

克里斯蒂·米兰德

亚马逊方面并未公开承认过"原动力网"发起的这场"邮件活动",也并未改变它对土网的品牌定位和运营方式。比如,亚马逊并没为土网设立一个最低工资标准,或新建一个数据工人评价体系,或开通一个让能土客与需求者更便于交流的系统。

然而,《卫报》《大西洋月刊》(*The Atlantic*)、《快公司》,以及《连线》杂志都纷纷对此进行了报道。"这场活动的目标是最终征集到数以百计的土客给杰夫·贝佐斯写信,而活动的目的则是多种多样的,正如土客的构成一样。"《卫报》写道。"有些人只是想赞美土网的弹性工作制和微型任务制。另一些人则希望土网能成长为一个更为与时俱进的网站,既能让土客向需求者们进行自我营销,又能让土客反过来给雇主公司打分并评价它们是否值得合作。"

不过,亚马逊至少对一封信做出了回复,这封信来自一位居住在印度的土客,他写信向贝佐斯抱怨说,亚马逊寄给他的纸质支票经常会在邮寄中丢失。不久之后,亚马逊就开通了与印度间的银行转账业务。当我和克里斯蒂在 2015 年年初面谈时,她对这个小胜利以及媒体关注可能会引发的影响感

第四章
反抗

到十分乐观。

"我认为大家现在明白了，只要努力争取就能改善自身待遇。"她兴奋地说道，"'土客也是人'的说法已经传开了，所以现在的问题是，我们还能做些什么来让自己获得更多关注。土客们想要什么？我们怎么才能鼓励他们尝试参加更多的劳工活动？"克里斯蒂非常希望能保持当前土客运动发展的这个良好势头。"我们已经打下了一个基础，让大家看到了我们能彼此团结、共同奋斗。"她继续道，"那下一步该做什么？"

在结束了四年的大学生活并获得了心理学学士学位后，克里斯蒂决定继续深造，成为劳工关系研究领域的一名研究生。她开始以"社会活动家"自称，并受邀在全世界多家知名机构进行公开演讲，如美国知名高校卡内基梅隆大学，欧洲进步研究基金会（Foundation for European Progressive Studies），以及欧洲议会社会党与民主党进步联盟党团（Group of the Progressive Alliance of Socialists & Democrats in the European Parliament），足迹遍布柏林、布鲁塞尔和罗马。

当她在布鲁塞尔进行演讲时，克里斯蒂听说瑞典的白领工会组织的"联盟"（Unionen）已开始吸收自由职业者，这增加了她对"原动力网"这类另类工会模式的信心，认为非传统意义上的工人（如土客）也能以工会的形式组织起来。遗憾的是，她这份信心未能保持太久。

在2016年，也就是克里斯蒂发起那场"土客致信亚马逊CEO"活动的两年后，我再次和她取得了联系。尽管"原动力网"在创立之初的6个月里就增加了470名用户，但在过去的一年半里，新增用户数量却只有 75 名左右。而最新的一条土客活动提议是 7 个月前发布的，发布者还是创立网站的一位学者。

那些创建"原动力网"的学者们都早已转向其他研究项目，无暇维护它的日常运行。而最后一个获得了 25 张赞同票的提议是：设计一个网站徽章以供学术任务的发布者们放入个人简历当中，表示他们承诺会遵守原动力网所规定"学术伦理指导方针"。不过据克里斯蒂说，根本没人管这件事。

与此同时，亚马逊通过干预"原动力网"的注册过程，极为有效地抑制了该网站的发展壮大。2015 年冬，亚马逊删除了"原动力网"在土网发布的用来分发注册码的任务贴，理由是这些发帖因"要求亚马逊用户注册其他网站或团体"而违反了亚马逊的服务条款。不幸的是，尚没有一条美国联邦法律能保障零时工们参加"集体组织活动"的权益。总之，无论"原动力网"的失败是由于亚马逊的干预还是由于它本身发展的人手不足，克里斯蒂自那时起就丧失了自己对"网上组织劳工活动"的信心，不再将其视为一种改变劳资关系的有效手段，而"原动力网"也从"劳工活动组织方式的未来"沦落为一座人烟稀少的"鬼城"。

第十一节　优步与政治

大约在 2015 年的某个时间，政客们注意到了零工经济的存在，并为其"塑造未来工作模式"的承诺所深深打动。

第四章
反抗

2015年9月,我在纽约市的一家熟食店与弗吉尼亚州联邦参议员马克·沃纳(Mark Warner)进行了会面。在这家狭小简陋、用泡沫塑料杯装咖啡的店铺中,身材高大的沃纳不得不紧靠着一台冷藏柜而坐。每当有人要买瓶橙汁的时候,他都要挪开他坐着的那把不锈钢椅子。

与任何一位国会议员一样,这位参议员能从更高层面上理解零工经济可能会引发的各种改变。在从政之前,他曾是一位风险资本家,因在手机业发展初期对该行业的投资而发家致富。现在的他作为一名民主党政治家,不仅秉承了民主党对工人阶级各项权利与工资水平的关心,而且其财力雄厚,能在整个国会排名第三。他认为自己是一名亲商派与亲工人派的政治家,因此在读过一篇我所撰写的有关零工经济的真实体验远不如它的自我宣传的文章后,就和我取得了联系。

在过去数月间,沃纳参议员及其员工已经与来福车、邮伴、手边家政等多家零工经济公司的高管进行了会面。他还将弗吉尼亚州的零工经济从业者召集在一起,主持了几场圆桌对话。"我在零工经济上已经投入了八九个月的时间,"他对我说道,"我比以往任何时候都更加肯定,它代表了经济模式的一种根本性转变,而且发展速度会越来越快。"

在2015年,全美工人中只有0.5%加入了零工经济这一出自硅谷的劳动革命。在英国,该百分比要略高一些。据英国特许人事与发展协会(Chartered Institute of Personnel and Development)在2017年的粗略估计,加入零工经济的英国工人约占4%。沃纳明白,相较于更为广泛的整体经济,经营零

零工经济
传统职业的终结和工作的未来

工经济业务的那一小部分初创公司在数量上完全是微不足道的。而这也正是此类公司经常会高声质疑的一个问题：为何如此小规模的一种新型经济模式所产生的影响会引发记者们，现在再加上政客们如此深刻的担忧。但沃纳对该问题颇为不以为然。他反驳道："世界上哪有那么多闷声发大财的好事。你不能一边鼓吹'我正在推广一件能改变世界的大事，请给我们足够多的重视和足够高的评价'；而另一边又抱怨，'为何政策制定者们对我们如此感兴趣'？因为当爱彼迎（Airbnb）民宿短租平台所提供的房间数量超越了万豪酒店连锁的客房总量时，以及当优步旗下拥有25万名司机并极大地扰乱了出租车市场时，它们当然会引起额外的关注。"

零工经济这种"超大号"的影响力与成长轨迹是令马克·沃纳对其深感兴趣的原因之一。而第二个原因则是，它所代表的问题已超出了硅谷的范畴，成为一个全美以及全世界大部分地区需要共同面对的一个新麻烦，即曾由公司所承担的经营风险现已转移到了劳动者身上。

在过去几十年间，一类劳动者眼睁睁地看着他们的工作机会被划分为一套五花八门的非传统雇佣模式，如合同工、自由职业者、临时工等。还有一类劳动者虽然拥有一份全职工作，并且受到零时工们所享受不到的全套劳动法的保护，但仍感到自己身上这张"安全网"上的各种漏洞正越变越大。就本质而言，这两类劳动者现在都在承担着本该由公司所承受的经营风险。政治科学家雅各布·哈克（Jacob Hacker）将这种现象称为"风险大转移"，并在2006年出版了同名专著，

第四章
反抗

书中以大量实例证明了该现象在美国社会的普遍性。

- **养老金**。美国的养老金计划（Pension Plan）早已名存实亡。1983—2013年，享受养老金待遇的美国人口已经从62%下滑至17%。取而代之的是，雇主们开始向员工提供401k退休储蓄计划，两者之间的区别在于，养老金计划需要老板每月自掏腰包、将一笔数额为员工工资7%~8%的现金放入员工的个人账户，而采用401(k)却只需付出一笔占员工工资3%的现金。对雇主而言，相较于前者，后者所耗费的成本要少得多。依照计划的这种规定，一旦市场出现不景气，雇员而非雇主将会首当其冲，承担经济下行的压力。而即便是401k计划也在很大程度上是一份提供给有钱人的额外补贴，据统计，在被美国劳工统计局划分为"高收入"范畴的私企员工中，有80%都享有退休金；而在拿"最低工资"的工人群体中，却只有32%能拿到退休金。而一个更为令人震惊的数字是，美国竟然有30%的国民人口未受任何退休储蓄计划或养老金计划的保障。

- **失业救济金**。失业救济金也随着退休金的缩水而缩水。在2014年12月，全美仅有23.1%的失业人口从州失业救济项目中获得了救济金，创历史新低，打破了1984年9月时25%的记录。一般而言，当为期26周的州失业救济金发放结束后，美国公民接下来还能享受 47 周的联邦紧急失业救济金。但这项自 2008 年为应对美国经济衰退而启动的联邦失业救济金项目未获国会的延期批准，于是在 2013 年年末宣告终止，这笔救济金也就自此停止发放。

- **医疗补助**。医疗补助往往是一个更为紧迫的问题。在美国，服务于零工经济领域的劳动者，除非是符合联邦政府专为年轻人、老年人和低收入人群所设置的一些医保项目的条件，否则就没有合法主张医疗补助的权利。而在将"土网"收入作为主要生活来源的"土客"群体中，几乎有 40% 未购买任何医疗保险。但即便是由雇主提供医保的劳动者，也要自己承担大部分的医疗费用。2005—2015 年，在各种受雇主担保的医疗计划中，工人需投入的平均份额已增至 83%。他们需支付的平均医疗费用也已经翻倍，远超其收入的增速与总体通货膨胀的上涨速度。而在全美低收入人群中依然垫底、收入低无可低的那四分之一的劳动者中，仅 24% 加入了一项受雇主担保的医疗保险计划。奥巴马总统的《平价医疗法案》为低收入人群建立了一个价格低廉的医疗保险市场，使自雇者能更容易地购买医保。这项法案在执行的第一年成效显著，美国未购医保者的人数一下减少了 25%。但由于该法案在一些重要方面存在缺陷，其中之一就是许多政客发誓要逐步废除，而不是完善和修补该法案。

第四章
反抗

就这样,在过去的数十年间日渐恶化的退休储蓄金项目,不断削弱的失业员工补助力度,以及每况愈下的健康福利待遇——这一切趋势都使得不仅是零工经济的劳动者们,而且是每一位美国人心中都充满了前所未有的不安全感。

自20世纪70年代初至21世纪头十年的最后几年,美国的家庭收入明显变得更为不稳定。一份美联储在2014年发表的研究发现,有三分之一的美国家庭都经历了极不稳定的收入波动,主要是由于工作时长的不可预测性而导致的。《洛杉矶时报》(Los Angeles Times)用40年追踪了5000个美国家庭后,在2004年发表了一份调查报告总结指出:"越来越多的家庭发现他们好像是搭乘了一辆财务过山车,年收入越发呈现断崖式下跌。"这份报告将服务型的新经济比作股市,劳动者完全无法预测其涨跌,也就不知道自己会大赚还是大亏。

估计很少有人会喜欢这样的"主题公园"。

劳工领袖大卫·罗尔夫(David Rolf)与风险资本家尼克·哈诺尔(Nick Hanauer)在学术期刊《民主》(Democracy)上联合发表了一篇论文来解释其中的原因:

> 经济安全感是指,我们不必担心一次失业、一场疾病——在一个商业周期中,一次经济衰退必然会导致多次经济衰退的发生——就会让我们失去房子、车子、家庭和社会地位。这份安全感让我们可以放心地对自己和孩子们进行投资,让我们可以安心地去追求非生存必需、但却能让我

们的人生变得更健康、更幸福、更充实的物品和体验。这份安全感还会让我们怀着"未来会更好、经济会更加繁荣稳定"的现实期待,充满信心地过日子;并让我们在经营企业时敢于尝试各种冒险,因为冒险才是一个充满活力的市场经济的生命线。有安全感的中产阶级才是社会发展的原因,而非其结果。事实上,要想让我们的经济充分发挥潜力,安全感是必不可少的。而一个时刻战战兢兢、担心自己会从当前社会阶层滑落的中产阶级,根本算不上是真正的中产阶级。

在论文的结论部分,罗尔夫和哈诺尔援引了一个反对"改变业务规则与增加新福利项目"的常见论据,"如果我们的业界领袖们如此坚信'确定性'(certainty)——即有把握某事一定会发生——对各行业的必要性,那么可以肯定的是,构成各行业客户基础的美国中产阶级也同样需要具备这份确定性。因为如果缺乏能留在中产阶级中的把握,美国的中产阶级人群就根本无法履行他们至关重要的经济角色。"

零工经济不仅代表整体经济趋势已从直接雇佣制转为间接雇佣制;还反映出即便是被直接雇佣的中产阶级,现在也由于总体缺乏安全净收益而感到日益不安,因此想见缝插针地接点零活儿补贴家用。当然,零工经济是以上两种现象的一种较为极端的表现。

在我对零工经济展开报道的这几年里,我经常会体会到人

第四章
反抗

们的这份不安全感。当我采访居住在加利福尼亚州默塞德市（Merced）的克里斯汀·洛根（Kristen Logan）时，我就感到了她的不安全感。洛根在"萨玛学堂"的帮助下，找到了一份为一家纽约市的美容学校做客服的零工。她非常喜欢这份工作，但不无担忧地说："我特别害怕哪一天他们决定不再开办这个学校了，这意味着我又要回到起点，千辛万苦地再找一份零工。"当我和居住在波士顿市的一位优步司机萨拉（Sarah）交流时，我同样感受到了她的不安全感。萨拉为了加入优步而特意租了一辆车，但不久就在一次事故中把它撞坏了。汽车保险费和修车费，外加车辆修理期间她停止出车而带来的收入损失，萨拉不知道自己的财务状况是否还有转好的一天。我也从亚伯想成为百万富翁的梦想中感受到了他的不安全感。亚伯为何会对发家致富如此在意，将该目标凌驾于一切之上？当我向他提出这个问题的时候，他似乎对我的好奇心感到十分不解。

"你是个有钱人吗？"他热切地回应道。

虽然算不上穷，但我也只不过是个做记者的，所以我回答他："不是。"

"当前有三种现实。"亚伯继续说，声音里那份不容置疑的腔调让我隐约感到他要开始引用传销组织环信网的"箴言"了。我猜得果然没错。"穷人所面对的现实，中产阶级所面对的现实，以及富人所面对的现实。如果你是个富人，就可以能他人所不能，获得真正的自由。如果你我这样的人丢了工作，我们大概会在几个月后变得一无所有。而对大多数穷人而言，他们连几天都撑不下去。"很少有人会像亚伯这样来形容社会的三大阶级，但各种数据证明他说得没错。美联储在 2015 年 5 月发布的一份报告显示，有 47% 的美国人无法用自己的积蓄或信用卡负担一笔金额为 400 美元的意外支出。如果经济出现自由落体式的下跌，这群人必会随之头破血流，因为他们缺乏缓冲自保的手段。

现在让我们回到纽约的那家熟食店，沃纳参议员向我承认，任何政策都存在权衡利弊，他打算发起一些活动以达成某些妥协。"你并不想用自上的政策来压制零工经济这种新事物的发展。但与此同时，你也不希望人们不采取任何保护措施地进行高空走钢丝。"他说道，这番话也成为他日后一场政治演说的一部分内容。一些零工经济公司曾告诉他，据这些公司调查，工人们最想要的是赚到更多现金，而不是获得什么福利待遇。"我理解这种想法，"沃纳说，"但没人会料到自己会变成一个残疾人，直到他们伤到了手，但却恰巧从事珠宝制造这一行。但那时再谈任何福利岂不为时已晚。"

在快递公司"邮伴"、外卖公司"达时"（DoorDash）、网约车公司"来福车"等几家零工经济公司的支持下，沃纳最终提出了一项议案，要求国会拨款 2000 万美元资助一项实验，研究哪些福利形式更适合零时工、自由职业者等非传统员工。如果该议案能获得美国参众两院通过，并经总统签字同意而变成正式的法律，这笔拨款就会正式到位。在公布这项提案时，他接受了我的采访并解释了自己的理由："传统的社会契约是建立在这样一个理念上的，就是你准备为一家公

第四章
反抗

司服务 30 年，并会因此得到各种相关的福利待遇。但时移世异，这一套已经行不通了。我们当然可以哀叹旧福利制度的一去不复返，但也可以试着创建一套新的福利体系，以适应当今世界的需要。"

实质上，谈论以 App 为基础的零工经济——这种目前仅能对极小百分比的劳动者产生影响的硅谷原创，其实也就是在变相地谈论不稳定、不安全、医疗保健、退休储蓄等重大议题。不过在现阶段，谈论零工经济更易引发广泛的关注。

作为零工经济公司中最出风头的一家公司，优步的创业传奇可谓近十年内最令人兴奋的商业故事之一。这款打车软件的诞生源自于 2008 年，两位创始人特拉维斯·卡兰尼克和加勒特·坎普在巴黎街头遭遇到了打不到计程车的窘况（据公司的官方说法，当天是一个"飘雪的巴黎寒夜"），于是两人在谈话间萌生了开发打车软件的想法。就这样，优步在 2009 年诞生，并在几年内就迅速发展为一个全球性的商业帝国——这着实是一项令人惊叹的成就。与自带传奇光环的优步公司一样，其联合创始人兼长期 CEO 特拉维斯·卡兰尼克也是个有故事的传奇人物。他经常被形容为一个好斗的兄弟会成员，似乎会不择手段、毫不留情地清除公司成功道路上的任何障碍。无论面对的是"来福车"这样的商业对手（据报道，他曾经利用数以千计的虚假叫车要求来故意干扰来福车的运营），还是地方商业监管人员（据《华盛顿邮报》报道，他在纽约与之叫板并"横扫一片"），抑或是全球竞争（在这方面他未能心想事成，优步中国最终被它的老对手滴滴打车所收购），他都一贯摆出了寸土必争的姿态。正因为优步故事的高娱乐性，所以美国两家电影公司——环球影片公司与20世纪福克斯公司，在同一周宣布，他们将拍摄以优步为主题的电影。（但直到本书写作期间，这两家公司都没打算以拍摄任何以"退休保障"为主题的电影。）

以优步为标题的新闻要远比那些以重大政府决策为标题的新闻更具吸引力，而马克·沃纳参议员并非唯一一个注意到这一点的政客。随着零工经济的发展势头加快，民主党人和共和党人都借着这一话题来宣传讨论那些更为重大，但却没那么令人兴奋的政治问题。

在希拉里·克林顿（Hillary Clinton）所进行的第一场有关经济政策的公开演讲中，她先是谈论了那些"通过出租闲置房间、设计网站、销售在家中手工设计制作的商品，甚至私车载客"来赚钱的美国人；以此为铺垫，她接着谈论了民主党在"员工分类"这个问题上的方针路线——她将"打击那些通过将正式员工刻意误分类为合同工的方式，剥削劳动者甚至偷窃其工资的老板们"。

曾参加过2016年总统大选初选的共和党候选人杰布·布什（Jeb Bush）一向乐于展示自己对商业与创新的支持，他这回只是简单地在推特上发布了一张自己坐在一辆优步车中的照片。

极有可能代表民主党在2020年角逐美国总统的女参议员伊丽莎白·沃伦（Elizabeth Warren）长期以来都是"联邦应

第四章
反抗

加强政府提供的社会保障体系"这一观点的支持者。当她将该观点与零工经济联系在一起讨论后,终于赢得了媒体的关注。在一家非营利的无党派公共政策研究机构"新美国基金会"(New America Foundation)于华盛顿举行的年度大会上,沃伦发表了一次公开演讲。她指出:"零工经济正大获吹捧的一些特质,如弹性工作制、独立性和创造性,在某些情况下对某些劳动者而言可能是真实的。但在这个所有福利都流向全美最上层10%的人口的世界,想构建某种经济保障制度是徒劳无功的,而零工经济也只不过是下一个即将失败的努力。"

当然,她的演讲主题并非完全关于零工经济。沃伦指出:"零时工们所面临的问题也正是其他数以百万计的劳动者们正在面对的。"但有关这场演讲的新闻标题却少不了"零工经济"这几个字的点缀。如《伊丽莎白·沃伦特别点名优步、来福车与"零工经济"》《伊丽莎白·沃伦呼吁加强对优步、来福车与"零工经济"的监管》《伊丽莎白·沃伦猛烈抨击优步与来福车》。沃伦自己也在演讲中承认,现在谈论"任务兔"、优步和来福车等零工平台显得"特别时尚"。而她说得似乎没错。

有时候,政客们和劳工领袖们甚至根本无须在零工经济的语境中表达自己的立场,因为媒体已经替他们这样做了。在美国劳工部的工资与工时司(Wage and Hour Division)于2015年7月新发布的一份"员工分类指南"中(该指南后被特朗普政府废除),并未有只言片语提及优步,但在主流媒体对该指南所进行的报道中，却无一例外地都出现了该公司的名字。尽管奥巴马总统早在 2007 年担任参议员时就推动过一条相关法规的出台，旨在堵住一处常被雇主利用、使他们可以将正式员工故意误归类为合同工的漏洞。同样，在奥巴马政府担任工资与工时司负责人的大卫·韦伊（David Weil）早在就职前就一直致力于"美国硅谷之外雇佣关系的崩溃"的研究。但在新闻媒体眼中，这两人早于优步诞生之前就提出的法案和所做的研究，都和优步有关。

美国智库"经济政策研究所"（Economic Policy Institute，缩写为 EPI）早在 1991 年就曾撰写过几份简报，建议政府应调整与"派遣制劳工"（contingent workforce，即合同工、自由职业者等）有关的各项政策。现在，该研究所在零工经济的语境下再次重申了政策调整的必要性。所长劳伦斯·米舍尔（Lawrence Mishel）告诉我："劳动收入份额（labor share）在整体经济中所占的比重在不断下降，派遣制劳工的比例不断上升。这种趋势不仅发生在零工经济中，因此普遍性的政策调整势在必行。"不巧的是，我第一次给他打电话时所聊的话题恰恰是优步，这会不会让他觉得有点厌烦。很可能！米舍尔还在《大西洋月刊》（*Atlantic*）发表了一篇署名的评论文章，他在文章中指出，"过于关注零工经济公司只会让人们忽视美国总体工作现状的各种核心特征，而这些特征才应该在公众讨论中占据显要地位"。不过从另一个角度看，我们也能以公众对优步商业模式的关注为引，使工作的核心特征变得更受重视。

第四章
反抗

到了 2015 年 10 月,有关零工经济的讨论已如火如荼,以至于奥巴马总统在一次由工会领袖、经济学家和雇主们所参加的白宫峰会上,特意将它设为一个讨论话题。坐在一个木凳上,奥巴马总统在问答环节说明了零工经济更为广泛的意义。他指出,"按需经济或共享经济仍只是总体经济的一小部分",而"参与按需经济的劳动者在全体劳动者所遭遇的变化,也只是整体经济所发生的各种变化中的沧海一粟。但是,我们要确保各行各业的劳动者们都能认识到,所有人的命运是彼此相连的。正式员工们可能会自以为:'哦,我是一家工厂的正式员工,我不仅加入了工会,还拥有一份传统的、受合同保障的退休金,所以不用操心那些非传统劳动者的境遇。'但这种想法是错误的,因为非传统劳动者当前所遭遇到的种种问题,也是你们最终可能要面对的"。

由于人们都对技术所引发的改变深感兴趣,因此一个名为"工作的未来"的电视讨论节目也开始红火起来。(经常作为专家组成员参加该节目的"Q 管理"公司 CEO 丹·特朗开玩笑说:"我都想举办一场研讨会了,主题就定为'工作的现在'怎么样?")该节目的几位主持人都想知道,随着全职工作不再一统天下,国家政策应如何随之改变?一家不把劳动者视为"正式员工"的公司是否会重视他们的处境?传统意义上的"一份好工作"是否会转化为"一份好零工"?

零工经济为一个延续了几十年的老话题"保障制度"注入了新活力。劳工领袖们,无论领导的是传统劳动者工会还是非传统劳动者团体,都为工人集体活动在"工作新时代"

应怎样开展，工人各项福利应如何安排等问题贡献了不少新点子。政客们也纷纷谨慎发言，谈论他们对"直接雇佣关系的瓦解将对国家政策造成哪些影响"这一问题的理解。

这些白宫峰会讨论、电视讨论节目引发了几桩没那么引人注目的小规模行动。尽管寥寥无几，但这些行动却是切实存在的。比如，美国自由职业者工会（Freelancers Union）自2011年起就一再要求联邦政府恢复因预算削减已于2005年终止的对派遣制劳工的调查。基于该工会的要求，那时奥巴马政府的美国劳工部部长托马斯·佩雷斯（Thomas Perez）最终承诺会重启该调查，并指出"按需经济让我们意识到许多重要问题，比如说，如何继续坚持那些历史悠久的劳动标准，如何在一个变化中的劳动力市场中提高美国工人的经济保障水平，等等"。（补充一句，劳工部在2017年5月恢复了该调查。）与此同时发生的另一个行动是，一群看似绝非同道中人的人们走到了一起，组成联盟，共同呼吁政府对派遣制劳工实施特殊的福利待遇——这恰与沃纳参议员所提议案的内容不谋而合。这群倡议者中包括学者、风险资本家、服务业雇员国际工会（Service Employees International Union，缩写为SEIU）一家分会的负责人、来自"全美家政工人联盟"（National Domestic Workers Alliance）与"美国自由职业者工会"（Freelancers Union）等非传统劳工组织机构的工人代表，以及多家公司的高管——这些公司包括打车平台公司"来福车"、手工艺品交易网站"易集"（Etsy）、食品杂货同城代购兼快递公司"速购"，家政平台公司"手边家政"，等等。在

第四章
反抗

2015 年 11 月，该联盟像政府递交了一封支持"可转移福利"（portable benefits）的公开信。

"可转移福利"是指那种不与雇主绑定，而是跟着员工走的各种社会福利计划。美国的社会保障计划（Social Security）就是一种很典型的可转移福利，员工即使更换工作岗位，也不会失去退休后可以领取的联邦保障金（即联邦政府发给老年人的一笔基础退休金）。这封公开信呼吁说，希望医疗保健、带薪病假以及其他社会保险都能照此行事。尽管这封信缺乏具体实施细节，但由于该联盟成员的广泛性，"可转移福利"一跃成为《华尔街日报》《纽约时报》和《华盛顿邮报》的报道热点。

自奥巴马总统在白宫峰会上对零工经济发表观点后，劳工部"劳工权益安全委员会"（Employee Benefits Security Administration）的助理秘书长菲莉斯·波济（Phyllis Borzi）也于数月后在总部位于华盛顿的阿斯彭研究所（Aspen Institute）发表了讲话，对改变派遣制劳工的福利待遇问题做了评论。"政府之所以如此关注劳动者的退休福利和退休保障，主要是出于对按需经济的重视。"她指出。"政府的关注是件好事。随着零工经济劳动者与日俱增，不仅劳工福利问题会出现一系列新特点，政府还会在这股新动力的驱使下去认真看待并解决该问题。这样一来，我们就很可能会真正做出点成绩。"

要缓和人们因零工经济而产生的不安全感，调整福利待遇是一种办法，而重新定义员工类别（employment category）则

零工经济
传统职业的终结和工作的未来

是另外一种。

美国前劳工部副部长赛斯·哈里斯（Seth Harris）与普林斯顿大学经济学家艾伦·克鲁格（Alan Krueger）在2015年12月为一家位于华盛顿的中左派智库"布鲁金斯研究所"（Brookings Institute）撰写了一篇政治论文。在文章中，他们对"独立工作者"这股劳工新势力进行了一番总结。他们论证说，零工经济下的劳资关系不再是传统的雇佣合同关系。一方面，优步的司机也好，手边家政的保洁员也好，他们都必须接受公司所设定的工资和服务条款。但另一方面，这些零工经济的劳动者们可以自行选择何时工作，还可以同时为多家公司服务。"劳动者们与优步这类中介平台公司之间的关系远不如传统的雇佣关系那么持久深远，前者对后者的依赖性也大大降低，"两位作者在论文中写道，"这样我们就没理由要求此类公司为这些高独立性劳动者们提供经济保障。"

这两位作者在论文中提出的解决方案，是其他一些国家早已采用的一种，即在"正式员工""合同工"之外设置第三种员工类别。在他们的设想中，在这种新类别被创立后，零工经济公司就可以为零时工购买并管理某些特定的福利，并无须担心会因此落下"刻意将正式员工误分类为合同工"的把柄。该就业类别还给了这些公司选择权，让它们可以自主决定是否要为员工购买诸如"工人补偿险"这类的保险项目。

此类解决方案的核心理念是：零工经济公司所提供的工作岗位是有价值的，零时工也是值得保护的。对于一些劳动者而言，优步这类公司真的为他们提供了一份可以称得上是

第四章
反抗

"安全保障"的东西。正如一位前《旧金山纪事报》(*San Francisco Chronicle*) 记者、现任优步司机的约翰·库普曼 (John Koopman) 所言:"当你从金融危机的悬崖上垂直下落时,会本能地想伸手抓住点什么,以免自己沦落到无家可归、要投奔兄弟姐妹的窘境。而这时,你抓住了优步。我觉得优步就是现代版的公共事业振兴署,多亏有了它,我才不至于为贫穷所苦。但我也只能做个……无名小卒。"

这种新型的"第三类员工"会令相关各方都受到一定程度的影响。对于优步这种无力承担雇佣正式员工的全部成本和责任的零工经济公司来说,如果零时工能被正式划归为"第三类员工",它们就无须推翻"完全依赖合同工"的经营模式,而它们的零时工也会享有更多的权利,受到更多的保护。在哈里斯与克鲁格为布鲁金斯研究所联合撰写的另一篇报告《关于现代化劳动法的建议》(Proposal for Modernizing Labor Laws) 中,两位作者还使用了略带浪漫的笔触,请读者们想象一顶帐篷:"如果一顶帐篷只有两根杖杆支撑,只要来一阵不大不小的风,整个帐篷就会随风摇摆。但如果在帐篷中央添上第三根帐杆,哪怕整个帐篷并未完美地绷紧,它也不会再轻易随风摇摆,也会更具帐篷的'风范'。"

然而,工会领袖们对该比喻却丝毫不为所动。在 2016 年 3 月,也就是该报告刊发的四个月之后,美国最大的工会组织"劳联-产联"(AFL-CIO) 在其官方博客所发布的新闻中指出:"劳联-产联的执行委员会要申明的一点是,在零工经济领域工作的劳动者们只有一个共同的称号:雇员 (employee)。"

与此同时，劳联-产联还在其官方网站上贴出了这份声明的节选，而它的上方是一幅带有三条曲线的图表。该图表的横轴是时间，其中一条曲线代表生产率，随着时间的流逝，该曲线是不断上升的；另外两条曲线代表以两种不同方式估算出的工人平均时薪，它们在 2005 年附近都呈现出极为平缓的态势。尽管官网并未直接将这张图表与上述申明联系起来，但显而易见的是：公司因生产率的提高而越来越富，但工人们却并没有。劳联-产联相信，"第三类员工"一旦正式定性，这种"公司富工人穷"的趋势只会持续，甚至恶化，而不会得到改善。

在那些已引入"第三类员工"的国家，这一新增的就业类别并未解决一个自诞生起就困扰零工经济公司的难题，即"鱼与熊掌两者兼得"。一方面，此类公司希望能对零时工们施以更多的管控；而另一方面，公司又希望能将他们归类为一个更独立、更廉价的劳动力群体。例如，有关该如何归类优步和英国外卖业巨头"递路"的零时工，这一问题就在伦敦引起了热议。英国的一个"劳资仲裁法庭"（employment tribunal）在 2016 年做出判决，判定优步司机并非不属于优步公司所归类的"自雇者"，而是属于可以享受带薪休假、带薪中间休息（如午休），以及国家最低工资的"正式雇员"。不出意外，优步对此判决提出了上诉。英国劳工联合会议（Trades Union Congress）秘书长弗朗西斯·奥格雷迪（Frances O'Grady）对此向英国广播公司（BBC）发表评论说："对许多劳动者而言，零工经济就是一种深受资方幕后操控的经济。

第四章
反抗

老板们会以将正式员工刻意误归类为合同工的手段，以逃避为员工提供最低工资、带薪休假和中间休息等最基本的待遇。"有趣的是，在未引入"第三类员工"制度的美国，零工经济的抨击者们所给出的理由与他们的英国伙伴们几乎相差无几。

英国、意大利、西班牙、加拿大都实行了大同小异的"中间制"员工分类。这几国的政策批评者们对此经常会给出的反对理由是：在正式员工与合同工之间增加了一种员工分类后，雇主会找出更多的漏洞，以逃避在传统雇佣关系下所需遵守的法律，以及应给予正式员工的福利待遇。不过，这种"创造一种新员工类型"的点子在美国仍获得了一些支持。

将"创建第三类员工"与"可转移福利"这两个理念结合在一起，"手边家政"的政治公关公司最终帮忙起草了一份州立法草案。根据"手边家政"在 2016 年所提供传阅的讨论稿，该草案规定零工经济公司可以选择从每笔交易中拿出一部分放入一位按需劳动者的福利基金中，该劳动者可以将该基金里的钱用在购买人寿保险、进行牙齿护理等与员工福利相关的各个方面。但作为"回报"，这位员工将维持"合同工"的身份不变。这种"新型合同工"分类甚至可以适用于公司之前所接的业务，从而基本上让"手边家政"避免了因员工误分类的罪名而遭起诉的风险。

聘用正式员工的费用要比聘用合同工高出 20% ~ 30%。雇主还要自掏腰包，为每位正式员工缴纳其月收入的 7.65% 作为社会保障金与老年医疗保险金。相比之下，"手边家政"

在该法律草案中提议，公司每月至少要为每位零时工缴纳相当于其工资2.5%的一笔钱，存入该工人的"福利账户"。但该法律草案的反对者们担心，这种薪酬计划对某些按需公司而言好像一件"便宜货"，它们会乐于将自家员工都划分为这种"能获得少量福利基金的合同工"，即便其中一些员工更适合被归类为"正式员工"，理应享有更多的权利和保护。

除了第三类员工的福利待遇，手边家政在该法律草案中还定义并解释了"可转移福利"的概念，不过该定义与其他一些学者所做出的并不相同。比如，服务业雇员国际工会（Service Employees International Union，缩写为SEIU）的副主席大卫·罗尔夫与风险投资家尼克·哈诺尔（Nick Hanauer）在学术期刊《民主》（*Democracy*）上联合发表了一篇论文，阐述了他们对"可转移福利"的设想。论文中写道："法定的员工累积福利应包括：雇主为员工提供每年一次至少为期五天的带薪病假，每年一次为期15天的带薪休假；向员工的401k养老金账户缴纳一定比例的资金；为员工购买医疗保险，公司所支付的保费份额应与《平价医疗法案》（*Affordable Care Act*）当前所要求的标准持平（最理想的情况是医疗被纳入保险福利的范畴，但这一目标更难实现）。"

但"手边家政"所提供的法律草案却并没选择专为"合同工"提供额外的福利，而是"雨露均沾"，让三大类员工都能获益。如果某位零时工为一位雇主工作了20小时，这位雇主就应将一位工作了40小时的全职员工所获得的福利减半后支付给前者。如果这位零时工也同时为其他雇主打工，一律

第四章
反抗

照此办理，这些雇主也应将钱款打入该员工的同一账户。

不过，即便是支持该福利方案的人们，彼此间也存在着一些分歧。比如说，谁来管理这些福利账户？雇主，第三方初创公司，还是非营利性机构？有些人认为应该这项重任应该由 21 世纪的工会组织来承担。例如，美国演员工会（Screen Actors Guild）就为那些雇主不定、通常以项目为单位从事零时工作的演员们设立了一项福利基金。但在零工经济中采用这种"福利工会管理制"存在一个问题，因为根据美国《塔夫特-哈里特法案》（*Taft-Hartley Act*，又称劳资关系法案）的相关规定，只有传统工会才有资格管理此类福利账户。如果传统工会缺席，就无法制订一个"塔夫特-哈里特"计划。但合同工们又无权组织一个工会。罗尔夫告诉我："我们需要创建一种新的员工分类，以便绕过《特夫特-哈里特法案》。"

然而，这些有关增加员工分类或可转移福利的讨论很少会带来任何具体的结果。哈里斯和克鲁格提议在美国增加"第三类员工"已经是两年前的事情了，现在该话题已大面积退热，很少出现在有关"工作的未来"的讨论中。同样，距离"手边家政"向纽约州提交有关零时工福利待遇的议案也过去了两年，但该议案至今尚未出现在州议会的法律议程上。其他一些有关开展可转移福利项目的尝试也进展缓慢。沃纳参议员提出的那份议案——向国会申请 2000 万美元用于可转移福利的实验项目——至今尚未获得参议院小组委员会的审批。此外，一笔由美国劳工部申请的、专用于可转移退休福利储蓄计划实验性尝试的政府拨款已经到位，但这笔拨款只有 10

万美元，还被分给了三个项目。其中只有一个项目与可转移福利直接相关，并且仍处于考察起步阶段。另外两个项目都在研究低工资劳动者在进行退休储蓄时所遇到的障碍。

在有关"工作的未来"的电视讨论中，几乎每个人都认为当前的社会保障体系和员工分类制度已不足以应对现实的需求。但要想在这两方面做出真正的改变——这需要政见不同的各党派在众多特定细节上各自做出让步，需要多次实验论证解决方案的可行性，还需要相关法律草案在美国缓慢的立法过程中顺利通过——可能要耗费数十年，而非数年的时光。

第五章

工作的未来

第十二节 问题的核心

2016年夏，Q管理公司在纽约市的一栋摩天大楼里新租了一套办公室。该公司的员工人数在去年一年的时间里已从150名增长至500名，它原来位于纽约市东村（East Village）的办公室在一栋仅有五层的小型办公楼内，大楼的外墙已露出墙砖，楼内则配置着老掉牙的电梯，办公室里也放不下足够多的办公桌了。相较而言，这套新办公室看上去就更显大公司总部的气派，或者说至少等"Q管理"全员搬入后会是如此。

"Q管理"最终决定，公司会在这套新办公室内安装玻璃墙以隔离出多个会议室，购买办公桌椅，在合适的位置摆放绿植为室内增加一份活力，还会设置一个字母"Q"形状的前台。但到了3月18号，即这家初创公司首次召开正式新闻发布会的当天，这套新办公室里都没摆上任何家具，也没装上一块玻璃墙,甚至连地板都没铺好。"Q 管理"的全体员工都在另一层的一处临时场地办公。而公司这套临时办公室看上去就好像有人把简陋的地下室直接搬上了 11 楼——被水泥墙壁环绕的巨大场地里空空如也,只有一个摆放着咖啡和可颂面包的长桌,几排供记者坐的折叠椅,以及一个讲台。

丹·特朗(Dan Teran)紧张地凑近了麦克风,他的两旁分别坐着 Q 管理公司的首批"操作员"之一泰·雷恩(Ty Lane),以及美国劳工部部长托马斯·佩雷斯(Thomas Perez)。而在一排排就座的记者们身后,站着他的好友兼公司的另外一位联合创始人撒曼。

在离开"Q 管理"不久后,撒曼就创办了一家新公司。但他为自己与丹所创立的一切而深感自豪。"Q 管理"的诞生最初只是源自于两个好友考虑在位于纽约市布鲁克林区西北部的公园坡社区(Park Slope)和同区北部的威廉姆斯堡社区(Williamsburg)搞点住宅楼物业维修的生意。但现在,这个商业点子竟然如此迅速地就孵化出了一家大型公司,同时"Q 管理"的目标使命竟然让美国劳工部部长也产生了兴趣——这两点都令撒曼本人也深感惊讶。

丹开始了他的演讲:"在几年前我们刚开始创业的时候……我们觉得周围的高科技公司越来越倾向于将员工视为一种成本,而非一种资本……"在他讲话的时候,他的一只脚因紧张而不停轻踏着地板,听众席上几位记者的双手也忙着轻敲着键盘。"正如佩雷斯部长等一会儿将告诉大家的那样,这种轻视员工的行为只会带来劣质的工作岗位、停滞不前的

第五章
工作的未来

工资水平,以及毫无工作动力的员工。这种结果既无益于客户,又无益于公司。因此我们选择了另一条发展道路,Q管理没有试图逃避它对员工应负的责任,反而主动接下了这份责任。为了提供最优质的服务,我们需要最优秀的员工。而为了吸引最优秀的人才,我们必须成为最棒的雇主。这就是我们的初心,也是我们一刻也不会忘记的使命。"

其他行业的优质公司,如星巴克、纽约人气汉堡品牌"昔客堡"(Shake Shack),都为底层员工设立了购买公司股权的福利计划。丹在讲话中宣布,"Q管理"也将如法炮制,把这种福利制度引入高科技零工经济公司领域。公司会拿出5%的股权,以优先认股权的方式供泰·雷恩这样的一线保洁员认购。

这可谓是里程碑的一刻。创办一家公司何其艰难,丹经常看上去睡眠不足,并几乎全年无休。在公司"创建优质工作岗位"等承诺的重压下,他也几乎没有陪伴家人和朋友的时间。每当有人主动辞职或公司不得不解雇某些员工时,他也是那个必须要面对这些艰难时刻的人。由于"Q管理"向公众承诺了要承担起"定义优秀工作岗位"的任务,因此除了要经历大多数企业家们所面对的种种困难外,丹的肩头还另外多了一副重担——他必须制定出一套兼容并包的公司制度,既适用于全职的软件工程师,又适用于领取时薪的保洁员。他必须至少试着去理解公司全体员工们所面临的各种挑战,尽管这些人几乎都与他毫无共同之处。

但即便是做出上述全部努力之后,成果仍算不上显著。因为哪怕工资合理并配以基本保障，保洁员的工作还是一份需要整日刷厕所、擦桌子的体力活。"Q 管理"已经摸索出了让保洁业务变成一门好生意的诀窍，就是以保洁服务为起点，向公司客户推销保洁用品与其他办公室所需的服务。如果我们身处一个更好的世界，"Q 管理"的经营理念和使命就可能不足以撑起一场新闻发布会。不过，这间公司至少实现了丹的"政客梦"的一部分目标：给社会带来一点正能量的影响。

在丹结束演讲后，佩雷斯部长接过了话筒，首先与听众席里的"Q 管理"员工们进行了一个互动。"当有人问你'你在哪儿工作？是做什么的？是制造什么的？'"他自问自答地说，"告诉他们，'你正在制造美国的中产阶级，这就是你的工作。'"

新闻发布会召开后的第二天，"Q 管理"计划在一场"保洁员聚会"中向他们解释公司的各项新政。这种员工聚会从"Q 管理"最初举行的"分包保洁员比萨饼聚餐"一路发展下来，现在已经成为公司的一种常规聚会。公司全体员工都会参加，借着聚会的形式品尝美食、交流信息、接受培训和颁发奖励。

比起正式又枯燥的新闻发布会，这种员工聚会更有家庭聚会的味道。办公室天花板的管道上悬挂着众多黑白横幅，学步的儿童在家长的陪伴下四处游荡，在一个装有手撕猪肉三明治的餐车边摆放着一摞纸盘，以及一台装满了罐装苏打水的冰箱。室内回荡着的不再是记者敲击键盘的声音和丹因为紧张而不停单脚踩踏地板的声音，取而代之是罐装饮料不断

第五章
工作的未来

被打开的"噗"的一声,以及在人们谈话中不断爆发出的笑声。

然而,丹看上去确是一副马上要哭出来的样子。

"我确定你在进来的时候注意到了,"他告诉我说,"有个工会正让大家在卡片上签名。"

"Q 管理"已经完成了从合同工制向正式雇员制的转型,现已算不上是一家零工经济公司。而与合同工不同的是,正式雇员拥有成立工会的合法权利。"建筑行业与工业雇员联合工会"(United Construction Trades and Industrial Employees Union)的一家当地分部——这家分工会规模极小,小到它的电话留言信箱问候语中能放入所有管理人员的名字,"您好,我们是建筑行业与工业雇员联合工会的×××、×××与×××,抱歉现在无法接听电话,有事请留言"。而现在,该分部希望"Q 管理"的保洁员们能够组建工会。如果工会真的成立了,"Q 管理"的经营模式也必须进行改变。这家初创公司之前通常不会和那些已组建了工会的保洁公司去竞争那些高档写字楼的保洁业务,而是一直以驻扎在小型办公楼群中的公司为客户目标。这是因为纽约市摩天大楼型的高档写字楼要求其保洁员必须是工会成员,但那些小写字楼就没有这种硬性规定。丹十分担忧的是,如果他既要遵守工会的现行工资标准,又要维持员工们现有的福利套餐——据丹估算,如果一位保洁员选择参与该套餐中的每一项福利,他/她的时薪就会高达约 20 美元——"Q 管理"将无力与那些工资与福利水平双低的小型保洁公司相竞争,至少这些小公司由于员工成本更低，服务报价就会更低。

当看到丹因为工会的出现而如此紧张时，我感到有种说不出的滋味。一位工会官员尽管不得不承认"Q管理"公司的水平不是特别糟糕——没到"把员工当狗使唤"的地步——但同时指出这家初创公司仍"远远没做到位。"而且此言不虚，"Q管理"发放给保洁员的初始时薪，的确远低于那些在高档写字楼工作的工会保洁员们的收入。

但截至此时，我关注"Q管理"公司已经超过一年时间，期间采访过不少公司高管和工人。所以我能够看到，该公司一直以"给员工创造优质工作"为目标来制定各种决策，尽管没人要求它必须这么做。它甚至做到了为工人提供全额支付的医疗福利，并承诺向他们出售公司股权的程度，这对于任何一份保洁工作而言都是极为罕见的。单就"优先认股权"而言，这是一份哪怕专业工作岗位也未必会提供给从业人员的福利。此外，保洁员们都对公司的升迁方式赞不绝口，认为自己看到了这份职业的前途——这岂不也是创造一份优质工作的可行模式？

尽管丹对这些徘徊在他公司办公楼外的那些工会组织者们十分忌惮，不过当开始对着麦克风向员工们发表讲话时，他的表情比在新闻发布会那会儿看上去要自然轻松得多。"我知道今天是周六，"他说起了开场白，"但就我个人而言，我哪里也不想去，更想和大家在一起。"接下来，他历数了公司在过去几天的高光时刻。比如，美国劳工部长亲自来公司总部发表演讲。他还展示了几张"最美保洁员"的照片，这些光

第五章
工作的未来

鲜亮丽的肖像照还登上了《纽约时报》周末版的副刊《纽约时报杂志》（New York Times Magazine）。

然后，在一一列举了公司新增的各项福利待遇之后，他又强调了一番公司业务是如何凭借"为员工提供优质工作岗位"这项经营理念而获益匪浅的。丹还特别指出，"Q管理"将开始向员工们的401k养老金账户缴费，员工每向自己的401k账户存入1美元，公司就会等比投入50美分。

说到这里，丹向在场的员工们询问："谁已经有孩子啦？"

全屋中的大多数人都举起了手。

还有人开玩笑地说："我没养孩子，但养了条狗。"

更多人笑了出来。

对于家中刚刚添丁进口的女性员工——无论是刚产下新生儿还是收养了孩子，公司都会根据该员工的具体情况，如工作年限、该员工是否是孩子的主要看护者等，为她提供最长可达12周的全薪产假/休假待遇。如果新生儿或新收养儿童的父亲在"Q管理"工作，在他们照顾孩子期间，公司也会为其发放一定的补助。

"最后一件，也是我最想和大家分享的一个消息是，"丹说道。"在场的各位都知道'Q管理'是一家初创公司，是吧？我想大家都看过一条新闻：脸书公司的刷墙工都赚到了数百万美元，因为脸书是用股票来支付刷墙费的。好的，我今天在此宣布，等我们公司做大做强，并不是只有管理层和软件工程师们才能因此获益。在接下来的五年中，我们将陆续拿出公司5%的股权，让一线保洁员进行优先认购。"

但大多数初创公司都熬不到被收购或公开上市的那一天，所以给员工配股的举措到头来可能只是一张空头支票。比如，一家在纽约市运营的打车服务软件初创公司"朱诺"（Juno）就致力于宣传自己"优秀的雇主"的形象，它也向旗下的司机们提供过公司股票，但由于被一家竞争对手公司最终以两亿美元的价格收购，这些承诺未能履行。"朱诺"公司曾在其发布的广告资料上预估，它的股权单位（equity unit）约为每股 0.2 美元，但最后证明每股仅价值 0.02 美元。这让持有公司股票的司机们实际上只拿到了一点微不足道的回报。不过丹的想法是，就算这些股票最终未能变现，他也希望借此向保洁员们传递一个信息。他在演讲中是这样说的："能与大家沟通对我来说十分重要，我想让你们知道，公司不只属于我一个人，也不只属于在这间办公室里坐班的员工们，它属于在场的每一位，我们同在一个团队中。"

在演讲结束后，人们会分成若干个小团体进行活动。有些人在接受培训；有些人会提出自己对新福利的相关疑问并从公司专门人员那里获得解答；还有些人会特地集中在一个房间里，只为了彼此认识一下。不过在人群散开之前，丹还是间接提了一下工会的事情。"我觉得已经在公司工作过一段时间的老员工们已经能了解到，我们非常在意将公司打造为一个整体，"他说道，"而且我认为，我们保洁员自己就是自己的最佳代表。"

保洁员们闻言都高声大笑起来，笑声和刚刚听到公司新增的员工福利套餐时一样大。有些人还高声叫好："丹，说得没

第五章
工作的未来

错!"我在准备离开聚会时正好又经过丹的身边,"看到大家这个反应,我感觉好多了。"他对我说道,但脸上却再一次露出要哭的表情。

在据此大约一年后,代表"Q 管理"公司全体员工的工会向美国全国劳资关系委员会(National Labor Relations Board)递交了一份请愿书,但在预定的听证会举行当日,该工会又因为未收集到足够多工人的投票而撤销了这份请愿。

2017 年 10 月,"Q 管理"宣布,作为一家专营办公室保洁和维修业务的公司,它不仅是约 700 名员工(其中约半数是全职员工)的直接雇主,也从此开始步入盈利企业的行列。公司推行的"优质工作战略"虽未能打造出一家明星企业,但至少让公司在激烈的市场竞争中活了下来。

在 2014 年,纽约市知名高校新学院大学(The New School)的教授特博·肖尔茨(Trebor Scholz)参加了一场主题为"工作的未来"的研讨会,他所在的小组谈论的话题是关于在土网工作的工人在该雇佣平台受到雇主不公正待遇时、种种求助无门的经历。在离开这个研讨会后,他深有感触地告诉我:"这些土客们的抱怨在我耳边挥之不去。"比如,在收到土客递交的工作成果后,有些客户会点击界面的"拒收"按钮,给出的理由是他们不满意该土客的工作并因此拒绝付款(但其实他们仍会保留并免费使用该成果)。但土客一方却只能任由客户一方宰割,而毫无反击之力。再比如,土客们也无法要求土网为他们开放一些系统功能,以便让他们的工作变得更容易完成,或让他们可以举报那些口出恶言的客户。

"如果所有这些[有关土网]的批评都是真实的,我们为什么不自建一个零工雇佣平台呢?"特博记得有一位在场的土客这样说道。

这位土客就是克里斯蒂。

在对她自己帮忙打造的、用于在线组织土客联合行动的"原动力"网站丧失信心后,克里斯蒂得出了以下结论:确保这群数字工人的利益受到严肃对待的唯一方式,就是让他们打造并运营一个属于自己的数字零工雇佣平台。将"合作社"这个旧点子融入"零工"这种新经济中。

特博对此深表赞同。基于这个想法,他最终联合了几十位撰稿人共同编写了一本著作,并主持了一场有1500人参加的学术会议。他将自己所提的解决方案称为"平台合作主义"。

人们反对"合作社"的理由通常有两点,一是这种集体协作的方式效率低下——投票做决定的过程十分耗时;二是"合作社"通常缺乏自我营销的手段。但克里斯蒂与特博认为,上述两大类问题在一定范围内可以通过技术手段解决。电子投票就能大大提高投票速度;而理论上而言,营销则可以采用成本更低的社交媒体和数字广告的方式来进行。同样,与实体写字楼这种传统基础设施不同的是,一款打车软件或一个任务集市所需的数码基础设施可以由几家不同的公司共享。而新兴的区块链技术——即去中心化的账本保留系统——正是让比特币大获成功的一项关键技术。区块链技术会令人们无须中间机构也能进行交易,这会让每笔交易变得

第五章
工作的未来

无与伦比的安全和透明,从而大幅简化交易过程并削减其成本。

然而,特博经常会被问到一个问题:一个数码工人们自筹资金的"合作社"真能与像优步这样受风险资本支持的初创公司展开竞争吗?

在优步公司位于旧金山市的总部大堂里有一整面"顶天立地"的黑墙,上面画着一副世界地图,其中大部分地区都分布着蓝色的圆点,代表当地已提供优步打车服务。由此可见,一些"老牌"初创公司的确获得了起步优势。

但特博认为,是否具备"起步优势"根本不是问题的关键。"这种竞争问题是来自一个假设:一个数码工人自创的任务平台也是为了实现利润最大化,而不是为了服务于数码工人这个群体本身。"他在一次采访中对我这样说道。"你不需要摧毁优步。但你是不是可以创造一个有道德感、但规模略小的替代平台呢?"换句话说,如果你并没打算为投资者们赚取大笔回报,就完全无须在墙上画一幅地图来标记自家商业帝国的扩张成果。你所要做的只是尽力为这家新成立的"工人合作制公司"的全体成员提供一份工作而已。

出于明显的理由,如果工人对公司的发展方向有了更多的控制权,他们获得的待遇就会更好。但一个并不显而易见但可论证的事实是,如果工人被赋予更多权力,公司也能因此受益。比如说,德国式的"共同决策制"(即管理层与工人或工会代表共同决策的企业管理制度),就是让工人在公司董事会中占据若干席位，并组成"工人委员会"处理日常公司事务。尽管许多人曾经认为，在一个日渐全球化的世界，德国根本无法维持该体制，但最近一份来自布鲁金斯研究所的报告指出，事实上正是共同决策制才使德国免受各种短期权宜之计的有害影响，并为公司股东创造了价值。正如该报告的作者苏珊·霍姆伯格（Susan Holmberg）在她为商务新闻网站《石英》（*Quartz*）撰写的一篇评论文章中所指出的：

> 股票期权（Executive stock options）因有可能刺激不负责任的冒险［与］欺诈……被德国民众和工人群体视为一种高度可疑的报酬制度，因此其在德国的发行率也远低于美国。而且，尽管德国的企业管理人员在收入上有所上涨，但仍与美国企业高管们的收入水平差距甚大。而行业高管的收入远高于普通民众的收入，正是我们美国"不平等危机"爆发的主要根源之一。在2015年，德国CEO的收入约合560万美元，其美国同行们却能赚到1490万。虽然两国企业高管的收入天差地别，但德国人的企业管理战略意识与使命感却一如既往。

而特博所提出的"平台合作社"（platform cooperatives），将会把德国"共同决策制"这一概念发挥到逻辑的极致，并将会成为工人呼声的终极表达方式。

创立这样一家合作型企业，正如创立任何企业一样，会遭

第五章
工作的未来

遇到一些独特的挑战。乔舒亚·丹尼尔森（Joshua Danielson）与合作伙伴共同创办了一个名为"路口经济"（Loconomics）的同城任务发布和领取平台，与同类服务平台"任务兔"相比，"路口经济"的特别之处就是它采用了"合作社"的模式。当我在2016年采访乔舒亚时，他刚刚花了一年多的时间弄好了该合作社平台的各项规章制度，并已开始招募第一批服务提供者。走到这一步所用的时间比他预期的要长得多。他坦承道："我们原本以为只需几个月就能把业务推广到全球，真是说起来容易做起来难。"

乔舒亚没有足够的财力聘请一支团队，但他愿意为了这份事业而负债。他对我说："我今年37岁，是个白人男性，并且拥有MBA（工商管理硕士）文凭。无论这次创业是成是败，我都会没事的。"

乔舒亚的计划是，在"路口经济"平台上找零活儿的工人们每月应支付30美元的会费，以成为该合作社的会员（最终每月的会费，将根据会员等级的不同在0～39美元之间浮动）。但除了会费外，会员们在平台上赚的钱都属于他们自己——"路口经济"不会再另行抽成——而到了年中，如果平台运营获利，还会将红利以一定的比例分配给付费会员。乔舒亚解释说："如果人家在你的平台上干活，还要被你抽走20%～40%的收入，那谁还愿意留下来呢？希望我们平台的政策和待遇能留住那些想要自己做生意、想自创品牌的人们。"

在现实世界中，一家加拿大图库网站公司"私图库"

（Stocksy）已成功地将乔舒亚的商业理念——合作社式劳动者平台网站——付诸实施。在 2015 年，"私库图"的 900 名签约供稿摄影师（也是公司的"合伙人"）共为公司创造了 790 万美元的营收，而其中一多半都被公司以版税的形式支付给了这些摄影师合伙人——该版税水平远高于行业平均标准。同年，公司还向全体员工发放了总计 20 万美金的收益分成，而此时距离公司成立才过了两年。"私图库"网站是由原"爱图库"网站（iStockphoto）的一位联合创始人外加一位前雇员共同创立的，其中一位在接受《纽约时报》的采访时表示，"我们意识到，这次可以换一种方式来经营图库网站"。这位创始人还对记者特别强调，"私库图"上的照片"绝不像许多图库那样充斥着大路货"，而都是用"色彩丰富、构图精妙、妙趣横生的摄影作品来欢迎网站访问者"。

克里斯蒂也同样对"合作社众包工人平台"的理念深感兴趣，并希望能在获得心理学本科学位后，把建立该平台作为她博士研究的一部分。她在 2015 年就对我说过："搭建一个合作社平台应该和建设互联网的过程差不多，首先要准备一个可用于信息收发的中央节点，比如服务器设备。然后就要开发用于信息处理和支付处理的平台软件。平台还需要具备搜索功能，让任务发布者们能找到合适的工作人选。"每个注册工人都会拥有一个个人平台，能让他们发布简历、设置服务报价，并可以由雇主直接访问。如果雇主只想找一名熟练工，他们可以亲自精挑细选。但如果雇主要发布一项大型任务，如为一个包含一万张图片的数据库进行图片归类，他

第五章
工作的未来

们只需填写一张现成的"群选"模版就能找到一批工人。在这个合作社平台上,每位工人都会拥有一个完整身份,而不只是被一个冰冷的数字所代表,还有机会与雇主们建立起更为健康良好的雇佣关系。

特博经常会提及上述这些"平台合作社"的现实案例,并对克里斯蒂计划的零工平台十分关注。在一篇他与内森·施耐德(Nathan Schneider)共同为《快公司》杂志撰写的杂文中,他们指出:"如果派遣制劳工——也就是合同工、零时工、自由职业者等——已成为当前的一种新现象,那怎么做才能把它变成一件好事呢?我们不能指望众包平台的劳工们这种'求助无门''任由雇主宰割'的恶劣风气会自行改变,只有主动要求并创造出一种不同的经营模式才是真正的解决之道。"

特伦斯知道,萨玛学堂对阿肯色州项目的资金已经快要耗尽了。他还知道,尽管该项目的启动是出于一片善意,但却并未产生大范围的影响。"萨玛资源"这家致力于推动底层劳工与数码科技相结合的非营利机构,最近正在试图将它在东非和印度获得成功的"工作站"模式移植到杜马市。所谓"工作站",就是萨玛资源的销售团队会从许多有需要的公司先争取到一份众包工作,然后再让在东非和印度参与其扶贫项目的公司雇佣当地劳工去完成该工作。但这种"工作站"模式很难在阿肯色州复制,因为萨玛资源很难找到报酬能满足当地人生存需求的工作项目。因此,当特伦斯接到萨玛资源公司总经理的电话，告诉他公司决定彻底放弃杜马市项目时，他没有太过惊讶。

虽然特伦斯对该结果并没有太过吃惊，但他却有一点愤怒。他愤怒于自己的大多数学生，受于大环境所限而无法参与数字零工经济。他们买不起电脑，付不起网费，也不具备相应的技能。

数月后，我与特伦斯在阿肯色州派恩布拉夫市（Pine Bluff）的一家麦当劳餐厅再次会面了。这座小城是他现在居住的地方，人口约 4.5 万。

"嘿，你还好吗？"他向一个穿着白色背心和运动短裤、并跑过我们卡座的孩子问候到。这个男孩是特伦斯的邻居，看起来大约 10 岁。他匆匆对我们说了一声"还行吧"，就跑进了厕所。坐在另一张桌子上的一位妇人在他身后大吼道："你的鞋哪儿去了？"

这个男孩在几分钟之后又出现了。特伦斯又问他："今天你吃过饭了吗？"男孩嘟囔着说，他想吃个汉堡。特伦斯就给他点了一个。

"人们当然可以说，让我们去阿肯色州，给那里的人们带去工作机会吧。"特伦斯继续回到我们的谈话中。"这是个伟大的抱负，是个值得人们讨论和为之撰文的话题。但接下来就需要考虑做成此事的代价。"特伦斯认为，如果硅谷真想为杜马市带来改变，就需要先好好研究一下杜马人民。如果硅谷的科技新贵和资本方们这样做了，他们就会意识到，无论是各种数字 App 还是几笔拨款，都不足以一举改善杜马市在

第五章
工作的未来

过去一百多年里与日俱增的贫穷问题。类似"萨玛学堂"这样的扶贫项目，需要投入十倍于前者的资金才可能看到一点成果。

数字零工经济的存在，其本身不足以解决杜马市的各种该问题。在那些美国之外的城市，如肯尼亚的首都内罗毕，"萨玛资源"不仅能雇佣当地劳工，并给予他们多项福利待遇和各种支持；还能聘请经理对他们进行指导和品控。然而在美国本土，"萨玛学堂"——即萨玛资源公司用来培训底层劳工的教育机构——在杜马市专注于用引导当地劳工进入零工经济的方式来解决贫困问题。但问题是，零工经济本身就无法给劳动者们带来哪怕是最基础的保障，因为工人们所获得的报酬完全抵不上他们所付出的工时。对于特伦斯的大部分学员来说，他们所面对各种生存问题，要远比在各大在线平台搜索一份零工更为迫切。

较之于全美13.4%的平均饥饿人口，杜马市所在的迪沙郡（Desha）有27.8%的人缺乏食物保障（food insecure），即因贫穷而处于饥饿或饥饿边缘。据"萨玛资源"公布的杜马市项目最终报告，在特伦斯执行项目的这三年里，全部学员中有44%缺乏可靠的交通工具；而在萨玛课堂的阿肯色州的学员中，约15%的学员在参加特伦斯课程期间处于某种无家可归的状态。特伦斯会在学生需要用车的时候亲自去接送他们；会在学生做出情节轻微的违法行为时，给法院写信替他们求情、试图使他们免于牢狱之灾；会在他们付不出水费账单的时候给他们想办法；还会买好比萨饼和零食带去课堂。

零工经济
传统职业的终结和工作的未来

不过单凭一位教师和十周课程，自然不足以一次性负担30个学生的生计。

当萨玛学堂认识到自己所提供的援助等级完全无法满足杜马居民的需要时，它就彻底改变了其培训项目的内容。这家非营利性机构发现，遍及全美的多家"员工发展项目"（workforce development program）都会为其目标员工提供更实用的技能培训，如木工、保洁、保姆、快递等更满足市场需求的、科技门槛不高的技能。于是，萨玛学堂放弃了原本为其学员开发的计算机、网络、社交媒体营销等课程，而是选择与这些"员工发展项目"展开合作，指导萨玛学堂的学员和客户如何去获得包含上述实用技能的零工。也就是说，萨玛资源放弃了之前让学员参与全球市场竞争的想法，而是专注于让他们"在拥有一技之长后，能在当地找点事做"这一新目标。

当这种底层劳工拥有了一技之长并融入零工经济后，一方面，他们就能借助自己的零工经历来丰富个人简历；另一方面，在找到另一份全职工作之前，他们可以依靠做零工来救救急，维持日常生活。"一般来说，这些为待业人员提供培训的员工发展机构，它们的真正定位是为待业者们找到一份全职工作。此外，这些机构往往要依赖雇主为培训提供经济支持。"萨玛资源公司的扶贫项目总经理林赛·克伦博（Lindsey Crumbaugh）如是说。"我们要说的是，萨玛学堂需要全方面调整培训劳工学员的方式，我们要培养的是至少拥有一技之长的一位问题解决专家、一位微型企业家。因为我们所目睹的大量趋势显示，零工经济将会变得越来越普及，

第五章
工作的未来

而这类劳动者才会有能力在全职工作和独立零工之间自由跳转。"

零工经济并不一定会解决贫困问题，也并不自带一张保障就业的安全网。然而，虽然现在市场上的零工机会正变得越来越多，但求职者却需要一套全新的技能才能获得它们。这些技能包括自我推销、企业家精神、等等。萨玛学堂虽然改变了行动策略，化身成为其他机构的合作伙伴，但让劳工们具备这些新技能仍是它的关注重点。

在帮助自家社区脱贫致富的努力付诸东流之后，特伦斯又恢复了自己的一个老习惯，见到一个孩子就问他们是否吃饱了。

他也一直在深思萨玛学堂在杜马市未能成功的原因，以及当初该怎么做才能获得更好的结果。与此同时，一项名为"普遍基本收入"（Universal Basic Income，UBI）的脱贫政策构想已开始在硅谷引起注意。基于这一构想的项目，会给每个贫困对象都分配一笔最低收入，无论他们的具体情况如何。

马丁·路德·金（Martin Luther King Jr.）、保守派经济学家弗里德里希·哈耶克（Friedrich Hayek）和理查德·尼克松（Richard Nixon）总统都支持过该构想。该构想在当前也拥有众多来自各个领域的支持者，他们包括服务业雇员国际工会（SEIU）的前主席安迪·斯特恩（Andy Stern）、自由主义经济学家查尔斯·默里（Robert Reich），以及克林顿执政时期的美国劳工部长、一直乐于将零工经济比做血汗工厂的罗伯特·莱克（Robert Reich）。世界知名的硅谷高科技

零工经济
传统职业的终结和工作的未来

创业公司孵化器[一]"YC 公司"(Y Combinator)最近承诺,它将在美国加州运行一项关于"普遍基本收入"(UBI)的实验,以便深入理解其运作机制。脸书的联合创始人之一克里斯·休斯(Chris Hughes)也在他撰写的一本书中公开表示了对 UBI 构想的支持。

但特伦斯·达文波特却不是 UBI 构想的支持者。在他看来,这份构想——无视穷人的具体情况就给他们发钱——已经无知到了令他大为恼火的程度。特伦斯愤怒地说:"他们知道美国的类鸦片危机(opioid crisis)[二]吗?他们知道我们社区的穷人根本不知道怎么做预算吗?"他告诉我,他认为硅谷充满了所谓的国家领袖们,但这些人其实对美国一无所知。

在那时,另一个最为流行的构想是现任总统唐纳德·特朗普(Donald Trump)提出的"确保美国人收入更好",也是他当时竞选总统时的核心理念"美国优先"在就业领域的一个具体表现,其潜台词是:把非法移民统统遣送回老家将有助于提高美国公民的就业率。在特伦斯看来,这也属于无稽之谈。他告诉我说,现在许多由移民填补的工作岗位所需的技

[一] 孵化器(incubator)是指为创业之初的公司提供办公场地、设备,甚至是咨询意见和资金的企业——译者注

[二] 在美国、加拿大等国家,无数鸦片类止痛药在 20 世纪 90 年代流入市场,因医药公司宣称"无害"而被医生作为处方药开给患者,因而导致了成千上万的民众滥用甚至成瘾。据统计,美国因类鸦片药物成瘾而所造成的死亡人数,就超过了枪支和交通事故所造成的死亡之和。许多社区都陷入了类鸦片危机。特朗普政府当下正在设法控制住这个危机,不使其继续恶化。——译者注

第五章
工作的未来

能,他认识的美国黑人都并不具备。任何真正的解决方案,首先要能缓解杜马人一直以来所体验到的根深蒂固的痛苦与绝望。单靠培训没用。对此,特伦斯解释说,其实在阿肯色州的首府小石城(Little Rock)就有许多水管工的实习岗位,这是份相当不错的工作,报酬优厚。但如果杜马市的人想报名,他们就需要买辆车用于交通往返,请人帮忙照顾孩子,还要有个住的地方——但杜马人对此无能为力。特伦斯说,这就是为什么如果他要建立一家扶贫机构,就要给每个帮扶对象都配置一名社工。并不是只有那些出现行为问题或犯罪分子才需要社工的帮助,长期失业者也已经满足了申请社工陪伴的条件。他还给这个机构起了名字"H. U. G",意为"帮你成长"(Helping You Grow)。

特伦斯与硅谷非营利机构"萨玛资源"打交道的经历,也促使他对阿肯色州所拥有的各类资源做出更多思考。比如说,杜马市城外绵延数英里的那片土地;阿肯色州始终位于全美前列的农产品生产量;以及位于我们正就座的派恩布拉夫市麦当劳餐厅几英里之外的泰森饲料加工厂,它可是市值280亿美元的泰森食品公司的一部分。对特伦斯来说,这片落后社区并未充分利用上述资源,以至于它们都无法造福于本地大部分居民。但他已经开始看到,改变的机会无处不在,甚至连"大型金属垃圾箱"都能令当地人群受益。事情是这样的,特伦斯曾在此前参加了市议会的一次会议,会上讨论了派恩布拉夫市决定投资1.4万美元用于购买大型垃圾箱。他先是情不自禁地回想起,他在母亲去世后搬回杜马市并四处找工作的时候,曾四处挖掘收集废金属,然后成磅卖给废品站换点零用。他因此琢磨着:既然捡垃圾都能赚钱,那为何不借此机会让杜马居民学点焊接技术呢?传授他们一门技术(焊接),提供给他们一份零工(垃圾桶焊接),最后还能多少省下一笔直接购买现成垃圾桶的预算,岂不两全其美?

  杜马市的问题不需要硅谷来修复,杜马市能挽救自己的命运。如果当地领导人能够对如何利用本地资源换种思路,当地就能创造属于自己的零工经济。"如果你已经三天没吃饭了,而我把一块面包放到你面前,"特伦诗对我这样说道,还用手比画了一块假想中的面包放在了我俩之间的麦当劳餐桌上,"接着我对你说,帮我看着这块面包,然后我起身离开。你自然会吃掉面包,而我回来后会以偷窃罪把你扔进监狱。"他说这番话的意思是,与其将那些因无法满足基本生活所需而不得不小偷小摸的人投进监狱,不如由社区出面给他们安排工作。这样既能解决他们的生存问题,又能造福他人。

  零工经济最初的定位就是,这是一种解决困难经济问题(如失业、机会不平等)的简单方式。但在"快速发家致富"这方面,零工经济的"竞争对手"着实不少。亚伯曾加入的传销机构"环信网"就是一类,该机构向追随者们承诺可以帮助他们轻松获得成功。励志类成功学畅销书也算一类,无论是《秘密》(*The Secret*)还是《你骨子里是个牛人》(*You Are a Badass*),都在鼓吹同一个理念:所信即所得——坚信自己能获得成功,就能得到它。多层次营销公司(multi-level marketing company)又是一类,这类公司会告诉女性员工,她

第五章
工作的未来

们可以通过卖化妆品、蜡烛或精油走上成功之路（尽管在这类公司里，没谁通过卖这些东西赚到了大钱，而且这些公司一直拒绝承认其传销机构的性质）。

特伦斯所提出的"地方自救"的解决方案，与我从多家初创公司那里听到的方案截然不同：前者简单、资源密集、多维度，并且十分独特。

较之在高科技公司工作的大多数人来说，特伦斯更明白一点：在现实中，我们并不是单靠"相信"就能有同样的机会获得成功。企业家们所普遍拥有的特质，并非是特殊的领导风格，也不是勇气和决心，或超乎常人的天分。《劳动经济日报》（*Journal of Labor Economics*）所发表的一项研究文章指出，成功的企业家们要么继承了大笔财富，要么有其他渠道获得一笔创业资金，这才是他们的成功之源。

那些位于经济阶梯顶端的成功人士一般都具有"先天优势"。而现在的世道是，在社会阶梯上向上攀爬变得愈加艰难。在一项 2016 年的研究中，马萨诸塞州立大学（University of Massachusetts）的几位经济学家利用美国人口统计局的数据发现，美国的社会流动性（一般指从下层阶级上升到中产阶级、从中产阶级上升到上层阶级的正向流动；当然也指未保住原来的阶级水平，跌落至更低阶级的逆向流动）正在下降。"很可能你的起点阶级，就是你的终点阶级；而从起点阶级更上一层楼的可能性已大大降低。"其中一位研究者对《大西洋月刊》如是说。在 1993 年，一位在收入分配上居中的美国人，如果想在接下来的 15 年内进入全美收入的前 20%，要比他在 1981 年时能达成该目标的概率低 20%。

　　劳动者缺乏安全感与平等机会的原因是极为复杂的，解决问题的过程也会十分缓慢。单凭"所信即所得"的盲目信心是无法解决此类问题的。一本成功学励志书籍或一个贩卖成功学的俱乐部均无法做到。想在零工经济领域内解决该问题，任何一款 App 都不会成为解药。特伦斯对此思考得越多，他就越发坚信，要让杜马市脱胎换骨，其过程必然缓慢而又艰辛，成功也注定不可能招之即来。

第十三节　一个非常严重的问题

　　2017 年 5 月 15 日至 17 日，包括"Q 管理"CEO 丹·特朗在内的全球数千名企业家们都纷纷奔赴纽约市靠近罗斯福高速公路的一间仓库，参加在此举办的"科技细品突破会"。该突破会一年举办三场，大会内容一半是商展，另一半则是一场创业选秀大赛，后者尤为引人注目。许多小有名气的初创公司，如"幸福化"（HAPPification）、"二进制芒果"（Binary Mango）、"软焰"（Blazesoft），都是由此"出道"并进入风投资本家与科技类专栏作家的视线的。当然，大多数参会者都会先领取一件带有大会标识的免费 T 恤衫，然后才会在会场中四处浏览。

　　丹此次参会并不是来为自家公司吆喝，而是受主办方的邀请，与"手边家政"的 CEO 奥辛·汉拉恩共同进行一场主旨访谈。这两位企业家都身处房屋保洁与维修业，但两者的经

第五章
工作的未来

营之道却截然不同。"Q 管理"主要为公司办公室提供保洁服务，其手下的员工都属于"正式员工"（employee）；而"手边家政"专门提供私人住宅的保洁服务，其手下的房屋保洁员和维修员都属于"独立合同工"（independent contractor）。

尽管经营方式截然不同，但从商业角度出发，我们却很难评判哪家公司更为成功。"Q 管理"那时是一家拥有 3000 家客户、刚刚实现盈利的中型公司。"手边家政"在 2016 年 11 月已在全美超过 28 座城市展开业务，并筹集到了高达 1.1 亿美元的风险资本。尽管后者在创立初期一直在为留住客户和员工而苦苦挣扎，而这些经历也都有据可查，但"手边家政"却从未真正被"判处死刑"。就在最近，《公司》杂志还简要报道了它"艰辛痛苦的盈利之路"。

本场"科技细品突破会"的舞台被一幅幅黑色厚窗帘围了起来，与会场的其他部分相隔离。但这两位企业家乐观的声音仍能通过麦克风从幕后传出来，而周边的听众也都在竖起耳朵聆听他们的对话。两人均身着休闲西装、正装衬衫和牛仔裤——丹的牛仔裤是黑色的，而奥辛的是蓝色的。两人看上去都有点拘谨，乍一看很像是一对被迫一起跳舞的青少年舞伴。当然，这多少是因为主办方事先没有告知他俩会一同受访，而是在现场直接公布了这项大会安排。会谈由"科技细品"网主编乔恩·谢波（Jon Shieber）主持。

乔恩开始提问："零工经济这种商业模式目前发展得怎么样？是否已经到了曲终人散、日落西山的地步"？

这的确是一个值得讨论的问题，毕竟除了优步、来福车和

零工经济
传统职业的终结和工作的未来

手边家政以外，其他许多自称为"零工经济一分子"的公司要么转换了经营模式，要么已经倒闭。而随着美国经济状况的复苏——全美已实现连续六年的就业率提高并有望持续下去——似乎越来越少的美国人愿意从一个手机 App 那里获得一份零打碎敲的工作。据摩根大通研究所（JP Morgan Chase Institute）提供的数据显示，自 2014 年 6 月，美国各个零工经济平台的参与者人数已开始呈下降趋势。多达半数以上的零时工们都在一年内纷纷离开。

零工经济不仅面临着零时工们纷纷撤离的问题，劳资纠纷更是让该经济模式看上去风险大增。法院时不时地会做出一些让此类公司提心吊胆的判决。加州一家法院就曾裁定，一位优步司机的性质属于"正式员工"，而非优步所归类的"独立承包人"。然而，由于法院审理的案件需要数年时间才能在司法系统中结案，所以有专款用于解决劳资纠纷的零工经济公司往往更愿意与员工达成庭外和解而不是上庭争辩，以免有输掉官司之虞。毕竟，零工经济公司都希望自己的运营模式免遭毁灭性的破坏，而劳资双方的律师也都想拿到酬劳。在两桩由优步司机分别在加州法院和马萨诸塞州法院对优步提起的涉嫌"员工误分类"的集体诉讼中，优步公司最终在 2016 年 4 月以同意支付起诉司机一亿美元为条件，与之达成了庭外和解。来福车自然也未能幸免，它此前曾试图以 1225 万美元的价格了结加州的一桩集体诉讼案，但最终同意向提起诉讼的来福车司机支付 2700 万美元才获得了庭外和解。没有哪家公司甘愿付出成百上千万美元来摆平此类劳资纠纷，

第五章
工作的未来

但由于它们都配置了一笔俗称为"战争基金"的专用资金，因此此类和解并未对其业务造成重大影响。

而最近几份裁决看上去则更具杀伤力。在 2017 年，纽约州劳工部就表示了对一项法庭裁决的支持。该裁决认定，三名前优步司机以及与之"处境相似"的司机们，应被作为正式员工对待，从而能够获得公司为其支付的失业保险。在英国，伦敦交通局（Transport for London）很快将吊销优步的牌照，称它不是一家"合格且合规的"私营汽车公司。此后不久，一家特别法庭还将驳回优步公司对一项裁决的上诉。该裁决认定，优步司机不是自雇者，因此有权享受带薪休假和最低工资。（对这两起案件的一审判决，优步都处于继续上诉中。）在这些坏消息接踵而至期间，欧盟最高法院也出手给了优步重重一击。该法院裁定，由于优步只是连接司机和乘客之间的一条纽带，所以应被视为一家出租车公司而非高科技公司来予以规范。

零工经济至今已历经大起大落，但却并未失去存在的意义。早在硅谷发明出这种新经济模式之前，硅谷之外的大公司就已开始尝试摆脱传统的直接雇佣关系。而优步及其同类的初创公司的出现则向世人展示了如何利用新战略和新技术更有效地实现这种"脱离"——它们把工作分解成小块，自动协调工人工作，并将"用手机 App 管理员工"确立为公司惯例。这些也都是非初创公司可以效仿的新手段。

埃森哲（Accenture）是一家全球知名的管理咨询公司，客户遍及 120 个国家和地区。该公司北美区主管朱莉·斯威

零工经济
传统职业的终结和工作的未来

特（Julie Sweet）早在 2016 年 6 月就曾对我预测说，世界上很快就会出现一家只招聘高管的公司。"公司各项职能的外包化程度已变得很高，"她表示，"我手下的大部分职员都能被零时工所取代。"（但她并不认为埃森哲本身会从直接雇佣制转为零时工制，因为该公司"建立在亲密的人际关系之上"，"并不是一家交易类公司"。）集客思网站，也就是软件工程师柯蒂斯在辞去其纽约市的工作后赖以为生的编程零工任务发布平台，已经将威斯特的上述预测变为现实。截至 2016 年，集客思共有 32 名正式员工，仅需其中 4 位就能管理全公司的 500 个客户项目，而其他一切公司事务都可以依靠自动化技术和自由职业者来完成。自由职业供求平台"上工"的 CEO 史蒂芬·卡斯瑞尔同样认为，"员工非正式化"已经成为一个不可避免的全球性趋势。"在我们公司，能管理十人团队的小组长是自由职业者，能访问安全代码数据库的技术骨干是自由职业者，和我们一起工作了十年的老员工也是自由职业者。"他在 2015 年 6 月的一次会议上对我说道。"只要法律地位明确，自由职业者和正式员工对公司而言没什么区别。"

在卡斯瑞尔离开前，他的公关顾问给了我一份彩色打印的 PPT 演示文稿，上面将零工经济与电子商务进行了比较。其中一页中写道："自从商务交易转移到线上进行后，现在连服务交易（包括工作在内）也逐渐开始转移至网络平台。"还有一页上面有一个曲线图，上面显示着近年来自由职业者们的收入在直线上升，截至 2014 年年底，其收入总和已达 32 亿美元。PPT 的最后一页上写着："电子商务不过是零售业一小部

第五章
工作的未来

分,现已成为一个巨大市场。试想一下,哪怕是仅有2%的工作转移到网上……"这句话让我不禁浮想联翩,如果真是这样,未来将会怎样?

对于那些拥有高级专业技术并能"随叫随到"的劳动者来说,这种"线上工作机会"的增加可能是一件好事。但该趋势的受益者应不止于这些高级劳动者。宜家家居就在2017年收购了在线任务发布平台"任务兔",大概是为了利用该平台在线招募工人为客户安装家具。亚马逊也在2015年推出了一个快递计划,让员工有机会"自己做老板",按他们自己的时间安排投递亚马逊的包裹。此外,一批新的初创公司正在兴起,目的是将更多传统企业拉入零工经济。

其中就包括"我诺"(Wonolo),一家基于优步模式的按需零工中介平台。该平台与包括棒约翰、强生和塔吉特百货在内的600多家企业合作,随时为它们提供按需劳动力。当企业临时需要额外人手而不是全职员工时,在"我诺"平台注册的零时工——别称"我诺客"——就会填补此类人力资源的空缺。例如,在雨天比萨外卖订单大增时,沃诺客们能充当外卖员送餐;在正式员工突然离职时,他们能临时填补岗位空缺;在某种商品意外售罄时,他们能帮商店把库存搬上货架;在各种一次性活动中,他们更是能随叫随到的好帮手。与优步类似的是,"我诺"也会通过其手机App将各种工作推送给约三万名注册的"我诺客"。平均而言,该平台一般在四小时内就能派出人手,填补需求方的岗位空缺。在一天的工作结束后,管理层会给"我诺客"打分,反之亦然。该

零工经济
传统职业的终结和工作的未来

平台的联合创始人兼首席运营官 AJ·布鲁斯坦（AJ Brustein）坦承："我们的确采用了优步的零工经济模式，但用在了人力中介领域。"

"我诺"平台现在所做的工作，一直以来都是由传统的临时工职业介绍所来完成的，但后者往往要耗时几天或几周。该平台最终在其业务中增加了一个更传统的"人事代理"选项，以满足那些因担心遭到"员工误分类"的指控而宁肯聘用临时工也不愿聘用自由职业者的公司客户的需求。在招聘过程中加入移动技术，可以让需求方可以更简单、更高效，并最终在更多情况下获得并使用临时工和独立承包人。

这是件坏事吗？也许不是。零工经济鼓吹者经常指出，70%~85%的独立承包人表示他们更愿意为自己工作。但传统意义上的"独立承包人"门槛很高，只有少数具备高端专业技能的工作者才有资格获得这一称呼，而今后这种情况可能会有所改变。比如说，英国高端餐点外卖平台"递路"的员工，已在 2017 年被英国中央仲裁委员会（UK Central Arbitration Committee）裁定为合法的"自雇者"（selfemployed）。但他们实际上只是一群低收入、低技能的快递员，无力像传统意义上的"独立承包人"那样，为自己购买医疗险、养老险、失业险、工伤险等保障。随着移动技术和自动化技术的发展，公司使用独立承包人的可能性也在与日俱增，工人们可能会认为新型的零工更像是临时工。而与较为"高大上"自由职业者们不同的是，77%的临时工表示他们更愿意做一份传统的全职工作。

第五章
工作的未来

在这场"科技细品突破会"的双人访谈上,丹和奥辛坐姿随意,都是一手拿着印有会议品牌的饮用水,把一只脚搭在另一条腿的膝盖上。奥辛并没回答"零工经济是否已经完蛋了"这一问题,而是围绕语义展开了辩论。他首先表示,"这些企业运营模式的新发展不应该被称为零工经济"(并一个音节一顿、挥舞着没拿水瓶的那只手表示强调),因为它们真正的目的是消除商业交易中的摩擦,但他并没有确切地提出一个新名字来取代"零工经济"。此时,主持人乔恩调侃地提出了"无摩擦经济"这个选项,并向丹征求意见。

"丹,你觉得我起的这个新名字怎么样?"

丹耸耸肩并未直接回答,只是表示:"奥辛说得很有道理。"

从那时起,谈话就变得没那么直率了。奥辛在公共场合的讲话似乎之前排练过,就像在背诵一篇政治演讲。他不断重复着"零工经济极具弹性"的箴言,并将"手边家政"所面临的几桩诉讼归咎于"只想赚快钱的律师"。丹在台上的表现则更为自然一点,但仍三句话不离主题,一直重弹着那套"优质工作战略"的老调。他还特别指出,劳动者并不一定要以放弃"正式员工"的各项保护待遇为代价,才能享受弹性工作制。毕竟,如果有公司允许其正式员工弹性工作,那么没有哪条法律能阻止这些公司这样做。

虽然他俩在这场双人访谈上的论调与他们这几年在接受单人访谈时所说的差不多,但他们围绕着"弹性零工"与"优质工作战略"所分别建立的企业运营模式却发生了彻底的转型。

先说丹的"Q管理"公司，在筹集到新一轮高达5500万美元的资金后，该公司开拓了一项与零工经济更类似的新业务。办公室经理可以使用"Q管理"App上的"集市"功能订购各种办公室服务，如人员招募、餐饮、维修、信息技术（IT）援助以及保洁。虽然"Q管理"在纽约、洛杉矶和芝加哥分部仍雇佣自家的一线"操作员"（即保洁员、物业维修员等），但新推出的这项"市场"服务在运营方式上与"Q管理"的第一个版本十分相像——在接到服务订单后，"Q管理"会把该订单转包给与之签约的小型保洁公司来完成，而不是派给自家直属的"操作员"。到目前为止，约有200家此类小公司已与"Q管理"签约，表示愿意通过该平台接单。

不过"Q管理"这项新拓展的"集市"功能也并非完全类似优步，而是在某些方面更接近于全美知名的美食点评网站Yelp。客户可以浏览"Q管理"平台上的这些小型保洁公司的简介来决定雇佣谁。如果他们喜欢某个公司的服务，就可以一直选择这家。当然，这项外包服务的保洁员们也不属于独立承包人，而通常是这些小公司的正式雇员。不过，当办公室经理们通过该"集市"选项来订购服务时，"Q管理"会像"手边家政"和优步一样，从账单中扣除了10%~20%作为中介抽成。不过，在"Q管理"新入驻的城市里，公司尚未决定究竟是雇佣自己的一线"操作员"，还是仅仅利用其技术平台把有服务需求的办公室介绍给当地的小型保洁公司。

"Q管理"已经证明，一家经营保洁和维修等办公室杂物

第五章
工作的未来

的公司可以通过善待员工来实现盈利。而它作为一家高科技公司的亮点在于,通过自家研发的零工任务平台,"Q 管理"还能把业务推送给其他保洁公司。

与此同时,"手边家政"不仅为与之签约的零时工保洁员们设置了一套全新的、可以完全在线完成的培训流程,还在客服热线上设置了更多的自动应答,这两项举措降低了公司培养保洁员与获得客户的成本。据本章前文提及的《公司》杂志的那篇报道所说,"手边家政"已经停止了高速扩张,目前正专注于在已开展运营的城市巩固其业务规模。

在整个业务整改过程中,该公司的高管们继续呼吁立法机构早日出台针对"按需劳动力群体"的新法。尽管他们在纽约州为此所做的努力——即那份有关按需劳工的提案——并未带来政策上的改变,但这些高管仍然直言不讳地表示,那些在他们眼中已过时的、仅涉及固定员工的法律,让他们无法为工人们提供更多的支持与福利。在为《连线》杂志撰写的一篇题为"我们必须保护零工经济,保护工作的未来"的评论文章中,奥辛指出,问题在于"当前的法律法规从未考虑过这些新型工作方式"。

主持人乔恩询问,"手边家政"为何未对废除《平价医疗法案》发表更多意见?因为在唐纳德·特朗普当选总统后,国会的共和党人就明确表示他们计划废除该法案。而如果该法案被废除,"手边家政"的"独立承包人",即与之签约的保洁员,将会更容易买到保险。但奥辛并未直接回答这个问题,只是含糊地回应说:"其中存在太多的不确定性。"

零工经济
传统职业的终结和工作的未来

"但该法案的废除与否不是会影响你的全体员工吗?"乔恩追问。

"这的确是一个极为重大的议题。"奥辛回答说,明显再次试图避免做出一个明确的表态。

乔恩的下一个问题也同样犀利,他问道:"零工经济的盈利方式是否可以被形容为:技术型企业家从一线劳动者的收入中'吸血',并将其转化为自身的利润?"

奥辛回答说:"我认为零工经济公司的确存在成为'劳工吸血鬼'的可能性,但是我们都在积极努力来解决这个问题。"他所说的"积极努力"应该是指"手边家政"在一年前向各方征求意见,并且准备提交给纽约州议会的那份有关零时工待遇问题的议案草稿。但这份议案的真正目的其实是给那些为零时工提供福利基金的零工经济公司提供一个避风港。数月后,"手边家政"还准备向纽约州议会进行游说,以通过一项类似的立法,能让零工经济公司在不为工人创造任何福利待遇的情况下,也可以免遭"劳工错误分类"起诉——该公司在其他一些州已成功地实现了该目标。

热衷于谈论"提高工人在零工平台的工作体验"这一话题的零工经济公司不只"手边家政"一家。比如说,致力于提供儿童保姆、临时婴儿看护与其他护理人员,并在全世界拥有2640万名注册用户的"慨尔"网站(Care.com)就曾尝试建立了一个员工福利平台。该平台会从其注册员工的任务收入中抽取一定的百分比放入一个员工福利基金,员工们可以将该基金用于支付医疗、带薪病假和其他福利所产生的费

第五章
工作的未来

用。再比如，优步也曾尝试过"可转移福利"这个点子。它创建了一个试验性的福利项目，有点类似于纽约市的"黑车基金"（Black Car Fund），该基金覆盖了纽约市 7 万多名开"黑车"（优步的高端出租车）的出租车司机（他们通常与优步司机一样，都属于独立承包人），这些司机只需将每单收入的 2.5% 放入该基金，就能获得该基金提供的一份"工伤补偿险"。而优步的版本则是将一些行程的收费提高了约每英里 5 美分，并让司机们可以选择将这额外的每英里 5 美分存入一个福利基金，以便在发生事故时用于支付司机的医疗费用、收入损失，或向其家人发放抚恤金。

与此同时，随着工作能给人们带来的安全感日渐减少，某些初创公司还在另辟蹊径，争相填补一些员工保障方面刚刚出现的空缺。一款名为"均衡器"（Even）的 App 就可以帮助那些工作量安排难以预测的员工，为其收入不平衡做好调节。当此类雇员的工资低于他们的平均水平时，"均衡器"就会免息在其账户中存一笔钱，补足差额的部分。而当他们的收入超出其平均水平时，这款 App 又会把它垫出去的钱从超额部分中再扣回来。总之，它的作用是为客户创造一种收入稳定的表象。"均衡器"最终与沃尔玛展开合作，如果沃尔玛员工在发工资前遭遇到意外支出，可以向"均衡器"App 申请提前支取一部分工资，从而避免向高利贷公司借一笔"发薪日贷款"。另一家名为"诚实美元"（Honest Dollar）的初创公司则为独立劳动者提供了退休储蓄账户。该公司与"来福车"开展合作，来福车司机只要每月缴纳 3 美元，就能享受到原价为月费 8 美元的一项退休金计划。2015 年 11 月 19 日，"来福车"公司还特意在官博上发文，将"诚实美元"形容为一个"操作简单、费用低廉，把独立承包人放在心上的投资平台"。但四个月后，该公司就被全球知名投行高盛集团（Goldman Sachs）收购。

此外，一家名为"同行者"（Peers.org）的组织试图将这些服务都集中到一个平台上，并希望零工经济公司能参与进来，为其员工的医疗和退休储蓄等福利账户缴纳一定比例的款项。该公司那时的负责人谢尔比·克拉克（Shelby Clark）最初是这样自我宣传的："你知道，在上班的第一天，公司会给你一个文件夹，里面装满了你能获得的所有福利待遇，这是不是让你感到头大？而我们公司用一款 App 就能让用户搞定他们的一切福利。"但他后来向我承认，没几家公司愿意把一定百分比的员工工资转入各类员工基金，大多数初创公司都担心，参与其中会让它们面临"错误分类员工"的诉讼。（最终，"同行者"与另一家倡导"按需工作"的组织合并。）

总而言之，许多旨在"填补工人保障待遇方面的空白"的努力都存在一些问题：第一，与一份提供多种福利的传统全职工作相比，这些努力的结果显得相形见绌；第二，这些努力都涉及了一种选择。雇佣独立承包人的公司可以选择是否要加入一项员工组合福利基金，比如像"同行者"组织所设想的那种；它们可以选择是否要像脸书公司一样，确保其员工拿到最低 15 美元的时薪；它们还可以选择究竟是否要聆听工人的抱怨和意见。而考虑到客户根本无视企业所投入的

第五章
工作的未来

员工成本、只在乎能否拿到报价最低的服务,又考虑到企业可能因增加员工福利而陷入"员工错误分类"的诉讼,因此大多数企业都会对上述选择说"不"。

合同工、自由职业者和外包工都有机会获得良好的待遇和报酬。但工人们不能总指望着老板们会大发善心,一直做出有利于全体员工的福利决策。尽管"优质工作战略"已经在"Q管理"等公司成功实施了,但我们只要看一眼全美雇员获得病假(65%)与"带薪事假"(13%)的比例就会明白,该战略还远未达到"全民普照"的程度。"优质工作战略"的确是一种能为企业带来盈利的选择,但有些雇主就是不愿意采用该战略。而在零工经济中,这些雇主对员工所负有的强制性义务几近于零,病假与带薪事假自然都不在此列。

要解决这个问题,单靠打击那些把正式员工刻意归类为"非正式员工"的滑头公司是不够的。零工经济不仅创造了难以监管的灰色地带,还扩大了法律意义上"独立承包人"这一群体的范围。以特定行业为目标的零工工作平台,如编程员柯蒂斯签约的"集客思"编程任务发布平台,可以根据客户需要派出具有特定专业技能的高端人才。而像"土网"这样的零工平台,则让一项烦琐的众包任务被分割为一份份简单的小零工,并被派发到众多"数字民工"手中完成。在当下零工经济的支持下,企业即使不雇佣正式员工,也能轻易完成工作。但随着零工经济的发展而不断扩大的"非传统员工"群体,却无法获得与传统员工相同的劳动保护或法律保障。这个问题却是世界上所有"员工错误分类"的劳资纠纷诉讼都无法改变的。

    在这场"科技细品突破会"上，丹和奥辛之间的对话最终转向了这个更大的结构性问题。在乔恩准备转向下一个问题时，丹打断了他，并给出了自己对"零工经济是否只是将一线工人的利润转给了雇主"这一问题的见解。尽管在一年前，当时的美国劳工部部长曾对"Q管理"公司的保洁员们慷慨陈词，指出他们将有望成为美国的新一代中产阶级，不过丹却并不这么认为。"我认为我们必须睁大眼睛面对现实，现实就是我们生活在一个富者恒富、穷者终穷的世界中。"丹冷静地指出。"如何在美国建立中产阶级是一个极为重大的议题。坦白说，这不是奥辛和我有能力解决的问题。"

后记

富者恒富没错，但掌握一门按需技能也能让我们发家致富。尽管纽约市的程序员柯蒂斯·拉尔森与优步司机和"手边家政"的保洁员一样，都属于"独立承包人"，但他却并不太关注有关零工经济的争论。作为一名零工经济的受益者，他对这些争论并不在意。

他的成功和杜马市"零工经济职业培训"项目的失败一样，都是真实的。柯蒂斯曾在"集客思"网站上努力拼搏，接下一项项由该网站定期推送给他的编程工作，精心打造自己作为一名自由编程员的小事业。他能够维持以前全职工作时的工资水平，过着工作时间灵活的"想度假就度假"的日子。零时工作最初正是凭借这种"可以自主安排时间"的特性吸引了他的加入。然而，我上一次与他交谈是在2016年7月，当时他正要与硅谷一家炙手可热的"太空探索技术公司"（SpaceX）公司签署一份全职雇佣合同。这家初创公司是由美国知名企业家、科学家埃隆·马斯克（Elon Musk）在洛杉矶创立的，专门生产火箭和航天器。柯蒂斯的新选择令我和他自己都感到惊讶。

柯蒂斯说："这是我唯一愿为之放弃自由职业者生活方式的一家公司。它就是我梦想中的公司。"这份梦想起始于他在2013年观看了"太空技术探索公司"测试其新研发的火箭"蚱蜢"（Grasshopper），它的试飞成功标志着人类首次制造出了可重复使用的火箭。从那以后，他就一直密切关注着该公司的进展。它所做的工作似乎比柯蒂斯接触过的大多数初创公司所做的更有意义。那些初创公司要么致力于研究做在线广告的新方式，要么将自己标榜为运送宠物用品行业的优步。"我们对地球以外的一切知之甚少，太空中存在着生命最大的奥秘。"在给出这个伟光正的理由之后，柯蒂斯停顿了一下并坦承，"而且我觉得这真的很酷。"

在太空探索技术公司工作曾是柯蒂斯一直以来的梦想，但他之前只是想想而已，但从未想过该梦想有朝一日会成为一种现实。然后就在五月的某一天，在咖啡店完成了当日的工作后，柯蒂斯意识到情况已经发生了变化。因为在去年一整年，他都在通过工作实践自学如何处理范围更加广泛、类型更为多样的编程项目，所以他突然之间觉得自己有资格去实现梦想了。于是，他填写了在线申请表。当公司给他回电时，柯蒂斯简直欣喜若狂。在通过了三次技术性的电话面试之后，他终于能够飞往洛杉矶与团队正式会面了。他十分欣喜地发现，软件工程师和火箭制造工程师在同一个园区里工作。在参观工厂的过程中，他还看到了制造火箭机身的车间，以及

后记

制造电子产品和宇航服的洁净室。

柯蒂斯在太空探索技术公司的收入不像他做自由职业者那么高。他还被警告说，这里的工作强度极大，员工每天至少要工作 11 个小时，甚至连公司提供的零食也比不上他之前那家公司的水准。但考虑到他的工作涉及太空旅行这个高端课题，其他的一切都不那么重要了。

柯蒂斯从事自由职业的时间不仅为他提供了获得理想工作所需的新技能，还让他获得了一种新的安全感。他的打算是："如果我真的不喜欢这份新工作，那就辞职重新做自由职业者。"而且，当他觉得正职无聊或是想赚点啤酒钱的时候，甚至可以利用周末在"集客思"网站上偶尔接个项目做做。

这就是优步的前任 CEO 特拉维斯·卡兰尼克将零工经济形容为一张"安全网"的原因。对柯蒂斯来说，的确如此。

在克里斯蒂继续硕士深造期间，她开始发现创建一个"工人合作社"版的众包网站没她之前想象得那么可行。她并不喜欢进行学术研究，也不打算继续攻读博士学位——而该网站正是她原本准备在读博期间建立的。在一次学术会议上，她遇到了一家名为"公平世界"（Fairmondo）的数字合作社的创始人。这位创始人对克里斯蒂说，他认为自己会永远经营这家公司。

这让克里斯蒂最终放弃了自创一个合作社制众包网站的打算。她不打算永远经营一个平台，不愿意继续贫穷下去，她丈夫也不可能一直从事体力劳动到老。更何况，与 20 多岁的同班同学们相比,自己在退休前的赚钱时间已经所剩无几。

在拿到劳工关系学的硕士文凭后,克里斯蒂决定成为一名律师。在她结束了法学院入学考试(LSAT)后的那一周,我去多伦多市探望了她。我们坐在她家客厅里,背后是一张巨幅的巴黎市宣传海报,她家的几只宠物狗则在另一个房间里汪汪乱叫。"停!"她每隔一段时间就会向它们大吼一声,狗狗们就会平静一段时间,似乎确认了女主人在家就感到安心。

就在法学院入学考试开始前,克里斯蒂的手臂又开始不时地抽痛,她很担心自己考试时拿不住铅笔。她丈夫不无幽默地将她戴的护肘称为"土网荣誉勋章"。不过,她不敢服用止痛药,担心药物会影响她的复习效率和应试。

尽管在我去探望她的时候,克里斯蒂仍十分担忧自己的考试成绩,但她的分数相当出色,最终收到了多伦多两所法学院的录取通知书。如果成为一名律师,她希望自己能够在为工人争取权益的同时还能赚钱——这样她就不必放弃自己最为卓越的一项天赋。对此她解释说:"我总能说出逆耳的忠言,而且会当着人们的面大声说出来,这样他们就无法听而不闻。"

2017年夏,在组织优步司机进行第二场全国大罢工,以及孤注一掷勒索优步的尝试接连失败后,亚伯已经彻底放弃了与优步的纠缠,转而致力于推广一个他自创的打车App"壹程"(A-Ryde)的。他花钱在一次会议上宣传了这个App,并为此专门拍摄了一个广告。(广告内容是,一位衣着时尚的

后记

年轻人对他的朋友说:"哇,我们不要被优步的高峰期定价毁了这个夜晚。"而从这位友人的表现看,他很可能会放弃优步,转而使用亚伯开发的"壹程"App。)当亚伯发现自己无法筹集到足够的资金推出这款 App 时,他还打算要卖掉自己的房子。(不过由于他的房子已经被债权人扣押了,所以这一招也未能奏效)。

从那以后,他终于意识到单枪匹马的自己竟然想和优步(一家拥有数十亿美元资金的初创公司)竞争,这简直是痴人说梦。亚伯自己也承认,在建设和打理他的脸书账户"优步自由"的日子里,他成长了不少。他已不再沉迷于快速致富的计划,而是开始尽可能地存钱,以便能购买更多的房产。他现在相信,房地产最终会让他成为百万富翁。没错,他也在网上找到了一些房地产专家,但他们都没有像传销头目凯文·特鲁多(Kevin Trudeau)那样向他要钱,也没有像优步公司那样要求从他的每笔载客交易中抽成。这让他觉得这些专家应该更靠谱。

靠着从一位前雇主那里拿到的 2.5 万美元诉讼和解金,亚伯得以买下他的第二套房子,并开始收取租金。他的计划是一年买一套房子,直到实现"财务自由"。而为了防止这个计划行不通,他还开始投资起了比特币。

亚伯认为,唐纳德·特朗普的当选对他来说是个好兆头。他听说这位新总统会批准一些有利于房地产大亨们的法律,并且有意削减企业税收。在他看来,这两件举措不仅会令他本人受益,还有助于他实施成为百万富翁大计。

零工经济
传统职业的终结和工作的未来

考虑到亚伯的信用卡应该已完全透支，因此没有哪家银行会给他贷款，也没有哪家信用卡公司会提高他的信用额度。他还告诉我，可能有不少追债人在四处找他，但他在手机上安装了一个阻止通话的应用程序，所以他也算是不知情。

亚伯每天都在努力工作，以便省下钱去买房子。总之，尽管亚伯对于传销组织环信网的承诺"加入环信就能成为百万富翁"，以及对于优步所宣传的"加入优步就等于成为一名企业老板"，都曾深信不疑，但他并不对自己的这两段经历而感到后悔。相反，这些经历让他懂得，通向财务自由的唯一道路将是艰难的，欲速则不达。如果再有人向他宣传"一夜暴富"的观点，他是绝对不会相信的。他总是需要为了谋生而做些待遇不高的服务工作，而且永远也成不了百万富翁——这种想法是他现在仍无法接受的。他自信满满地对我说："我非常确定，毫无疑问，自己在 40 岁之前一定能实现财务自由。"

与此同时，他计划继续存钱，并尽量不花钱。对他来说，每购置一件小物品，都意味着在获得财务自由之前，他需要多干一小时的活儿。

不过，他最终决定在自己 31 岁时，也就是在地板上睡了五年充气床垫之后，花钱买一张真正的床。

我在 2016 年底打通加里·福斯特的电话时，他明显感到十分惊讶，连呼了好几声"哦，老天！"当我问他近况如何时，他回答说："还能咋样，混着呗！"

在加里和我上一次聊天时，他还在做电话客服，那份工作

后记

还是特伦斯帮他找到的。现在的他已变成一名卡车司机,正坐在一辆开往华盛顿州的卡车副驾驶座上,身边开车的是他的驾驶搭档,他们的下一站是西雅图。虽然因长途驾驶而一个月不能回家,但是他每周的工资在 800~1200 美元之间,远高于他做电话客服的收入。而他之所以辞去客服工作,是因为他与雇主因工资过低和工作时间不足发生了争执。

尽管很想念老婆和儿子,但他还是说:"没关系,工作不就这样嘛。"

作为一名卡车司机,加里在一家卡车运输公司工作,该公司与许多企业签订了运输合同。他甚至不知道卡车里装的是哪家公司的货物,因为货物经常被保护罩遮住,他看不见。

为了得到这份卡车驾驶的工作,他先是按要求上了一个月的理论课,此后又参加了为期一个月的路面实训。还记得我俩当年第一次在杜马市见面时,他对我说过他不愿意在泰森工厂工作,是因为开车上班要花一个小时。"而现在我的工作只剩下开车,开车,开车。"他因自己的前后矛盾而哈哈大笑。

但这份工作其实并不坏。加里希望将来某一天能攒够钱,买一辆属于自己的卡车。他还正在考虑搬家,从杜马市搬到更为繁华的密尔沃基市(Milwaukee)。其实他一直不愿意待在杜马市,之前只是为了陪伴母亲而没有离开。但现在他母亲已经再婚,不再像之前那么依赖他了。

美国一家维护劳工权益的非营利机构"国家就业法计划"(National Employment Law Project)在 2014 年所做的一项研究

显示，全美约有 65% 的港口卡车司机虽然被雇主以"正式员工"的标准要求，但却被归类为"合同工"而无法享受正式员工的待遇。幸运的是，加里不在其中。他签约的长途卡车公司是将他作为"正式员工"雇佣的。其官网公布说，公司会为员工购买医疗、牙科和视力保险，一份 401k 退休计划，一份意外险和残疾险，并提供带薪休假和一份免费人寿险的待遇。在网站的招聘页面上，该公司不无炫耀地强调："我们从未裁员过。"

总之，这是一份体面的工作，但不太可能在来势汹汹的自动化大潮前幸存下来。

在一些行业，零工经济不过是一项权宜之计，能让企业以最低廉的价格雇佣到劳动力。然而一旦当购买一台机器变得比雇佣零时工还便宜，企业立刻就会将后者弃若敝屣。比如说，优步和来福车就都是这么打算的。在 2014 年的一次研讨会上，优步创始人兼前任 CEO 特拉维斯·卡兰尼克曾在台上公开表示："优步的车费之所以贵，是因为乘客不仅要为车子付费，还要为司机的服务付费。当车里没有司机时，搭乘优步去任何地方都会变得比购车自驾要更加便宜。"2016 年，优步就已经在美国宾夕法尼亚州的匹兹堡市（Pittsburgh）首次尝试了用自动驾驶汽车搭载乘客。丰田、日产、通用汽车和谷歌都预测说，自动驾驶汽车将会在 2020 年上路行驶。

在美国，有 180 万人靠开卡车谋生，68.7 万人是公交司机，140 万人专门运送快递包裹，还有 30.5 万的出租车司机和私人司机。当车辆能够自动驾驶时，他们该怎么办？

后记

将很快受自动化技术大潮波及的不仅仅是司机这个行当，还有许多人将会目睹他们的工作或是部分工作实现自动化。国际知名的咨询公司麦肯锡（McKinsey）在其最近的一份研报中估计，在某种程度上，几乎所有工作都可以被自动化，不过其程度和影响可能会大不相同。

在某种程度上，自动化程度的提高将有助于推动零工经济的发展，使其变得比现在更为高效。虽然柯蒂斯从未谈论过这个话题，我也不确定他是否意识到了这一点，但"集客思"平台的最终目标是尽可能地实现编程过程自动化。该平台的联合创始人兼CEO罗杰·迪基（Roger Dickey）预测："五年后，或许我们会实现20%编程过程的自动化；十年后，40%；十五年后，60%。但我们永远无法实现100%的编程自动化，直至通用人工智能（general AI）的出现。而到了那时，人类世界很可能都已经终结了，所以讨论这个100%没多大意义。"

"集客思"的任务管理人员将会成为第一批离职者。当平台上出现了一个适合柯蒂斯接手的编程任务时，系统会自动发邮件提醒他，而这件事本该由一位任务管理者完成。该平台还在开发一种自动创意生成器，以辅助其销售团队的工作。例如，它会自动提醒客户"我们注意到您的电子商务网站的转化率比竞争对手低30%，而一项新功能会有助于您提高转化率。点击这里可继续。"当客户点击时，他们所选择的功能——该功能应类似于某位人类程序员之前为"集客思"的某些项目所开发过的功能——就会自动出现并自我调整为适应新网站需求的模式，而无须集客思新派一位程序员从头开始编程。迪基指出:"我们在这条路上还可以走得更远。"编程自动化的第一步可能会以"初始模板"的形式出现,以供人类程序员在此基础上继续发挥。

但这并不一定意味着集客思不再需要程序员——它只是不再需要程序员做他们现在正在做的事情,比如说重复编写类似的程序。此外,自动化技术可能会使零工任务变得更有趣,并能让人们更容易找到一份活计。一家非营利机构"未来研究所"(Institute for the Future)的研究主管德文·费德勒(Devin Fidler)指出:"如果你走出家门,就会发现外面并不是没有活儿干,只是现在还没出现一种更智能的工作分配技术。"

在他的设想中,最理想的找工作方式不是"人找工作",而应该是"工作找人"。要实现这一转变,就需要研发出一项能够将各种零工与适合的劳动者自动匹配的高科技。零工经济模式也会凭借该技术进入更多的职业和工种。费德勒畅想道:"到那时,找工作简单得就像拧开水头。你再也不用效率低下地苦苦寻觅一份零工了,源源不断的工作会自动找上你。"

我承认,软件开发员们应该很容易想象一个这样的未来。但对卡车司机来说,他们到那时会接到什么样的任务就难说了。

2017年7月,丹创建了一份有关"工作正在发生何种改变"的个人摘要。"摘要"的全部成果就塞在他放在厨房餐桌

后记

上的两个鼓鼓囊囊的帆布包里。其中一个帆布包里装满了标有"平台经济学"和"工作的未来"这两种标签的文件夹。每个文件夹里满满的白色打印纸都以章节为单位被一个个黑色长尾夹夹住。另一本帆布包里则全是书,其中包括大卫·韦尹(David Weil)撰写的一本关于科技如何影响工作的著作,一本关于第二次机器革命的作品。我也凑趣给他添了一本书,书名是《简斯维尔镇》(*Janesville*)。这本书讲述了美国威斯康星州的一个工业小镇简斯维尔的命运:自从镇上的通用汽车组装厂关闭后,成千上万个优质工作岗位便也随之而去。之所以选择这本书,是因为这个小镇离我从小长大的故乡很近。丹的计划是在一次为期四天的单人旅行中,窝在他的度假小木屋里把这些塞满两大包、几近半米高的读物全部读完。而他竟然不觉得这一目标太过不切实际。

现在看来,这两大袋资料竟成了他这间平平无奇的公寓里的重头陈设。屋里的其他陈设还包括:几件艺术品和纪念品;一张落满了灰的办公桌,上面放着一台旧的笔记本电脑;一个皮沙发、一张床、一个迷你衣柜,外加一个挂满了衬衫和休闲西装的金属挂衣架。由于丹亲自用锤子把这个原本的两居室公寓改造成了一居室,所以地板上还残留着几个洞;而原本那个房间上方的天花板也开了个口子,从上面垂下来一个电源插座。他的沙发正对着一块褪色的方形瑜伽熊壁纸,那还是前任住客留下的。

最近,丹在房间的一角支起了一块冲浪板。他一直在努力照顾好自己,比如说去上瑜伽课,以及每周至少休息一天。

零工经济
传统职业的终结和工作的未来

但说起来容易做起来难。他有时会在晚上和周末打开公司的工作聊天软件，希望看到有人在线工作，这样他就似乎也有理由在休息时间办公了。他还开始与一位"高管培训师"定期会面，并自学一些管理技能，以便在工作中掌握主动，少些被动反应。每个向他汇报工作的高管现在都拿到了一份介绍该如何与他打交道的"用户手册"。手册中试图说明，他是个具有极强职业道德感的人，会对那些工作不像他那么努力的人感到失望，并且无法容忍被粉饰过的新闻报道。

现在，运营"Q管理"的风险已变得越来越高。如果丹在创业初期失败，那么除了他和萨曼，其他人都不会受到太大影响。但如果公司现在出了什么问题，他就会辜负手下1000名员工的期望，尤其是其中220位刚刚拿到他们第一笔公司股票奖励的小时工。

看着丹如此雄心勃勃地研究"工作的未来"，我不太清楚他究竟能得到哪些收获。也许在读完这一大堆书之后，他准备把"Q管理"打造为"愿意扶植小企业的伯乐"的商业形象，从而进一步提高公司的声誉；抑或是在为日后的政治竞选做准备。他曾经告诉我："我喜欢彭博的作风。"这里他指的是彭博新闻社创始人、亿万富翁、纽约市前市长迈克尔·布隆伯格（Michael Bloomberg）。"他不能被收买，人们可以不同意他的观点和做法，但却无法质疑他的正直人品。"

但即使丹的动机多少出于自身利益，但我认为他对工作未来走向的关注是合理的。全职工作，这种我们曾用各种规则保障工人们会受到公平待遇的工作类型正在渐渐消失。与此同时,一个被视为二等公民对待的工人群体——零时工——正在不断壮大。但与其他传统工人不同的是,零时工们不受劳动法的保护,也不享受与前者相同的福利待遇。而这是一个令人担忧的重大问题,值得研究与关注。

在结束了对丹的采访后,我先是预祝他在丛林中旅行愉快,然后拿出自己的手机为自己订了一辆优步,就像世界上其他4000多万人每月所做的一样。一位名叫阿比德(Abid)的优步司机送我回家。他在路上告诉我,他通常会工作一整夜,因为优步在这个时段给司机的报酬最高。

从我第一次听说零工经济直至完成本书,我花了近六年时间仔细观察这块被硅谷寄予厚望但现实表现令人失望的经济领域。它之所以暂时表现不佳,是因为社会的各种支持体系尚未准备好如何应对随之而来的种种巨大的变化。

最后,我不认为硅谷这种"重构工作"的尝试是错误的。随着零工经济的出现,现有模式已渐渐行不通,因此初创公司勇于实验的精神是必不可少的。但如果只是解决工作中各种表面的现存问题(如提供更具弹性的工作时间),但却不去修复与工作相关的深层支持结构(如员工福利、劳动法等)——这就算不上是真正的进步,看起来也肯定不像创新。

上一次美国必须从零开始重建劳动者的安全保障网时,当时的技术进步就像今天的一样,只是颠覆了工作的构成方式。当美国的劳动者们在工业革命期间离开农村的私营农场和小作坊、涌入以城市为中心的工厂时,工作就渐渐发展出了现在为我们所熟悉的一些特征，如工时分配、场地集中、等级结构等。而随着现今工作的再次演变，此类变化却很难随之一步到位。

早期的工厂工人每天要在恶劣的工作环境下辛苦工作12~14个小时，有时还会吸入鲸油灯冒出的毒烟（而车间的窗户经常都是被钉死的）。在那时的社会，人们会让未成年的孩子去做苦工；工厂主会把工人反锁在厂房楼中，这样他们就不能擅自休息（或是在发生火灾时擅自逃跑）；雇主支付给工人极其微薄，甚至不足以糊口的工资也被视为理所当然。

当时的劳动者强烈要求改变他们的不公待遇，而他们的理由和我们现在所给出的一模一样。美国劳联（AFL，全称为"美国劳工联盟"）的首任主席塞缪尔·龚帕斯（Samuel Gompers）在1894年时曾写道，当美国宪法在100多年前制定时：

> 人们对蒸汽的力量不甚了解，对电的威能更是一无所知；甚至在亚当·斯密时代，蒸汽机、电动机、电报、电话，以及蒸汽和电力在工业上的应用，都是当时的人们所无法想象的。然而，那个时期所制定的法律……竟在一百多年后仍被应用于现代工业和现代商业……我认为，既然现代工商业无法回到过去，去遵循旧思想、旧理论和僵化的旧法律，那么法律必须尽快做出改变，以适应不断变化的工商业现状。

后记

对此,解决之道不是强迫工人离开工厂回到农场。在工人们长达约半世纪的劳工运动的努力下,以及在政府和私营企业的配合下,一些有利于劳动者群体的工作规则终于慢慢确立了起来,如十小时工作制(尽管磨坊主们认为更多的休闲时间会使工人容易学坏),立法禁止雇主雇佣童工,以及要求雇主保障工人的劳动安全。直到20世纪30年代,在美国的"罗斯福新政"通过立法建立了社会保障体系后,养老金、失业保险、最低工资和残疾保险等员工福利才最终确定下来。

事实证明,零工经济并非如其创造者所料想的那样,凭借其"按需"的特质而成为迈向"工作的未来"的一大飞跃,但它的意义仍然十分重大。因为它用一个个活生生的例子向人们展示了未来工作的可能的样貌,并让我们为迎接其到而进行漫长而艰辛的奋斗。

致谢

首先，我要感谢那些愿意花费时间把自身经历与我分享的人们。没有他们，本书的写作是不可能完成的。

致力于帮助家乡人民脱贫致富的特伦斯·达文波特（Terrence Davenport）不仅是一位优秀的职业培训师，也是对我始终充满耐心和善意的益友。曾经的土客、现在正致力于投身律师事业的克里斯蒂·米兰德（Kristy Milland）在她人生中最为忙碌的几个时段都坚持与我保持联系，并总能神奇地在15分钟内回复我的电子邮件。自由编程员柯蒂斯·拉森（Curtis Larson）只是我在一个合伙办公交流会上结识的普通朋友，但他热情大方，甚至在数年后还愿意回复我多次打去的采访电话。此外还有"Q管理"公司的CEO丹·特兰（Dan Teran），他不断从百忙中抽出时间接受我的采访，尽管在我对他的第一次和最后一次采访之间，公司规模已至少增长了十倍。

其次，我想感谢前电话接线员、现在的长途卡车司机加里·

福斯特（Gary Foster）、里娜·帕特尔（Rina Patel），从"Q管理"的保洁员一路升迁至高级监理的零时工安东尼·诺克斯（Anthony Knox），前优步司机亚伯·侯赛因（Abe Husein），以及"Q管理"的联合创始人之一撒曼·拉梅尼恩（Saman Rahmanian），感谢你们愿意接受我的采访并各抒己见。我还要向伊森·波拉克（Ethan Pollack）、谢克斯·希尔伯曼（Six Silberman）和帕拉克·沙阿（Palak Shah）致以诚挚的谢意，感谢你们帮助我耐心剖析你们的专业领域中我所不熟悉的话题。此外，我也十分感谢艾米·戈尔茨坦（Amy Goldstein），感谢您给我这个陌生人那么多的建议。

另外，我要感谢大卫·里德斯凯（David Lidsky），你所做的一切最终促成了这本书的创作，这份人情千金难买。感谢我的两家雇主《快公司》杂志（*Fast Company*）和经济新闻网站"石英网"（*Quartz*）对我创作本书的支持。感谢本书编辑蒂姆·巴特利特（Tim Bartlett），你不但看到了"零工经济"这一主题的潜力，还帮我梳理了思路并使本书初具雏形。感谢我的经纪人艾莉雅·汉娜·哈比卜（Alia Hanna Habib），你对本书的反馈令我获益匪浅。

同时，我必须感谢圣马丁出版社的同仁们。感谢艾伦·布拉德肖（Alan Bradshaw）在本书的最后阶段对它所做的提升，詹妮弗·辛宁顿（Jennifer Simington）对文案的精心编辑，以及爱丽丝·菲弗（Alice Pfeifer）在漫长的编辑过程中为我提供的一切帮助。

最后，我需要感谢我的家人们，你们对我的人生意义非凡。如果没有你们的支持，撰写本书的过程会变得更为艰难。从某种意义上说，我的父母就是我最初的编辑。从我记事起，他们就一直在给予我源源不断的鼓励，对此我深感庆幸。在本书写作过程中，我的兄弟、祖父母、叔婶和堂兄弟姐妹一方面表现出他们对"零工经济"这一话题兴趣十足，给我提供了坚持写作的动力；另一方面他们又足够体贴，没在假期时提醒我交稿日期将至。另外，我还要感谢施瓦兹（Schwartz）一家、艾米丽（Emily），以及玛格丽特（Marguerite）。

我还要把一份特别的感谢赠予我的伴侣亚历克斯（Alex）。感谢你随叫随到，担任我的私人校稿员、厨师和理疗师。你给予我的信任意义非凡，让一切变得不同。